DISCLAIMER

The author and publisher are providing this book and its contents on an "as is" basis and make no representations or warranties of any kind with respect to this book or its contents. The author and publisher disclaim all such representations and warranties, including but not limited to warranties of merchantability. In addition, the author and publisher do not represent or warrant that the information accessible via this book is accurate, complete, or current.

Except as specifically stated in this book, neither the author nor publisher, nor any authors, contributors, or other representatives will be liable for damages arising out of or in connection with the use of this book. This is a comprehensive limitation of liability that applies to all damages of any kind, including (without limitation) compensatory; direct, indirect, or consequential damages; loss of data, income, or profit; loss of or damage to property; and claims of third parties.

Copyright © 2022 LINGUAS CLASSICS
BESTACTIVITYBOOKS.COM

All rights reserved. No part of this book may be reproduced or used in any manner without the written permission of the copyright owner except for the use of quotations in a book review.

FIRST EDITION - Published 2022

Extra Graphic Material From: www.freepik.com
Thanks to: Alekksall, Starline, Pch.vector, Rawpixel.com, Vectorpocket, Dgim-studio, Upklyak, Macrovector, Stockgiu, Pikisuperstar & Freepik.com Designers

This Book Comes With Free Bonus Puzzles
Available Here:

BestActivityBooks.com/WSBONUS20

5 TIPS TO START!

1) HOW TO SOLVE

The Puzzles are in a Classic Format:

- Words are hidden without breaks (no spaces, dashes, ...)
- Orientation: Forward & Backward, Up & Down or in Diagonal (can be in both directions)
- Words can overlap or cross each other

2) ACTIVE LEARNING

To encourage learning actively, a space is provided next to each word to write down the translation. The **DICTIONARY** allows you to verify and expand your knowledge. You can look up and write down each translation, find the words in the Puzzle then add them to your vocabulary!

3) TAG YOUR WORDS

Have you tried using a tag system? For example, you could mark the words which have been difficult to find with a cross, the ones you loved with a star, new words with a triangle, rare words with a diamond and so on...

4) ORGANIZE YOUR LEARNING

We also offer a convenient **NOTEBOOK** at the end of this edition. Whether on vacation, travelling or at home, you can easily organize your new knowledge without needing a second notebook!

5) FINISHED?

Go to the bonus section: **MONSTER CHALLENGE** to find a free game offered at the end of this edition!

Want more fun and learning activities? It's **Fast and Simple!**
An entire Game Book Collection just **one click away!**

Find your next challenge at:

BestActivityBooks.com/MyNextWordSearch

Ready, Set... Go!

Did you know there are around 7,000 different languages in the world? Words are precious.

We love languages and have been working hard to make the highest quality books for you. Our ingredients?

A selection of indispensable learning themes, three big slices of fun, then we add a spoonful of difficult words and a pinch of rare ones. We serve them up with care and a maximum of delight so you can solve the best word games and have fun learning!

Your feedback is essential. You can be an active participant in the success of this book by leaving us a review. Tell us what you liked most in this edition!

Here is a short link which will take you to your order page.

BestBooksActivity.com/Review50

Thanks for your help and enjoy the Game!

Linguas Classics Team

1 - Antiques

```
H O D N O T A V U L R S E A S B
L H U B E H F G H M F W F C T R
W A G A L É R I A N E C N Z O P
A U D A I C Í T S E V N I R R X
D K S O C H A V O N B O I X O B
K C E F D D O P V K M X L E Č Y
N I I F I E L Y Y C M L O H I R
M A V F F K N Á B Y T O K V E E
C I X F I O D E S A Ť R O Č I A
I L N Y K R E P Š I K Y Y A Z T
E L Y C C A H M Š C Z X A E T I
P U S E E T A T T T U Y I L C L
Z I W L I Í M I W S Ý R A T S A
B Ý L K Y V B O E N K L Z O F V
Ý K C I T N E T U A X B R X P K
S D A Z M Y P E L E G A N T N Ý
```

UMENIE
AUKCIA
AUTENTICKÝ
STOROČIE
MINCE
DESAŤROČIA
DEKORATÍVNY
ELEGANTNÝ
NÁBYTOK
GALÉRIA

INVESTÍCIA
ŠPERKY
STARÝ
CENA
KVALITA
OBNOVA
SOCHA
ŠTÝL
NEOBVYKLÝ
HODNOTA

2 - Food #1

```
A R A Š I D R Y Š K O R I C A V
I J V O Š X K B J W U F B B N W
G E K Y Ť Y P X A M N J L I P M
C L R C A V I N B V L O N D C J
D U M D V B J H F X I I R A P A
Y H K Ľ A Š Š A L Á T N E W R H
A R A O A P B A Z A L K A K S O
B A I S R E P O L I E V K A O D
E M N A N N V G O K X Z M N W A
T I U Ó M Á H R U Š K A A S J U
Z O T D R T K F A H X Ľ W E X B
N Z E E X T C Y O H O U H C D T
G M U A G M I P H S B B H M L A
R I L Z X S V C G W I I D Y Y Z
K V A K A P S Z I A P C M V V M
I Z J A Č M E Ň H X G S B X Y O
```

MARHULE
JAČMEŇ
BAZALKA
MRKVA
ŠKORICA
CESNAK
ŠŤAVA
CITRÓN
MLIEKO
CIBUĽA

ARAŠID
HRUŠKA
ŠALÁT
SOĽ
POLIEVKA
ŠPENÁT
JAHODA
CUKOR
TUNIAK
KVAKA

3 - Farm #2

```
V N R O T K A R T P L P P K Z Z
E X E K V T O L Z C P B Š N V A
T U S E X C X R E D K L E O I V
E N T I Y Z E R F Z N V N V E L
R J O L F M B R B U A C I O R A
N M D M R P U N P F C U C C A Ž
Ý O O C O P A S T I E R A I T O
M F L V L F C M D F A D T E Á V
L B A R U I I U A Ň H A J F K A
Y H I W D E Č K S L B J X L U N
N G V W M F A N I N E L E Z K I
F A R M Á R K J J A Č M E Ň U E
F O V B L Ú K A E C W M F D R T
E I G X G Y M I K D H J C N I F
R C I H I X M A C V L D M K C T
M G A K M M I K H G I O F H A V
```

ZVIERATÁ
JAČMEŇ
STODOLA
KUKURICA
KAČICA
FARMÁR
JEDLO
OVOCIE
ZAVLAŽOVANIE
JAHŇA

LAMA
LÚKA
MLIEKO
SAD
OVCE
PASTIER
TRAKTOR
ZELENINA
PŠENICA
VETERNÝ MLYN

4 - Books

```
U Y L V S A D R O M Á N B W N K
V Y N A L I E Z A V Ý B D E D T
J J I B H H E R P G K Z Á L N O
T N H H I S T O R I C K Ý S T J
A R W E P R Í S L U Š N Ý S E P
T K Ý P B B B U P E G I N T N Ň
I R N O N Í N B O C C J R R B X
L V A S P Y R K É O D X O A Z P
A C S G G B S P Z K P A M N A T
U Y Í H I L W F I O T R U A P A
D E P J S C S X A N Y M H G O U
J C U U K L K H G T T D I L G T
Z B I E R K A Ý Ľ E T A T I Č O
R O Z P R Á V A Č X U H K I X R
L I T E R Á R N Y T K S W D F E
D O B R O D R U Ž S T V O G G X
```

DOBRODRUŽSTVO
AUTOR
ZBIERKA
KONTEXT
DUALITA
EPOS
HISTORICKÝ
HUMORNÝ
VYNALIEZAVÝ
LITERÁRNY
ROZPRÁVAČ
ROMÁN
STRANA
BÁSEŇ
POÉZIA
ČITATEĽ
PRÍSLUŠNÝ
PRÍBEH
TRAGICKÝ
PÍSANÝ

5 - Meditation

```
M P O V A H A U M A I Ť P M G D
E R I X V F U P B B V S N Y L D
N Z H C Ď W A K A B Y O N Š Á J
T A D D A S O J C Y E N R L S W
Á B C U Č V C F A W W R H I K K
L M P R N J Í J J S B O U E A G
N B Y H O P K T V Z N Z A N V H
Y Y H K S O H K K O I O L K O M
Z D S K Ť Z T Y E E A P S Y S Y
P O K O J N Ý G R J P C I Ť Ť S
D Ý C H A N I E X X P S C Z H E
I Z P C S Ú C I T K F M R F H Ľ
M G P I N Á V Y K Y C O E E G H
O I Z T H U D B A H G R A W P E
U I E I T A J I R P E M Ó C I E
J I V R M P R E B U D I Ť S A H
```

PRIJATIE
POZORNOSŤ
PREBUDIŤ
DÝCHANIE
POKOJNÝ
JASNOSŤ
SÚCIT
EMÓCIE
VĎAČNOSŤ
NÁVYKY

LÁSKAVOSŤ
MENTÁLNY
MYSEĽ
POHYB
HUDBA
POVAHA
MIER
PERSPEKTÍVA
TICHO
MYŠLIENKY

6 - Days and Months

```
B I R F Z P B C U Z M A R E C S
T Ý Ž D E Ň O K B R H T E C A T
Z B R C E V L N Y C M O B L I R
F C C R A U R D K V B Ó F S E
C L I D W W F N P E M O T E E D
S E P T E M B E R F L S K B M A
N C I E X B A A J R Í O O R G I
K O T A I P Y U N O R T K U J N
O A I M R J U I G K P T O Á F E
T K L N E D E Ľ A U A R R R U M
R V Ú E B C K I Y J S W O T M L
V U J L N C P B X R Y T T X X W
T B Z C T D F B V J N V U U S E
Š P Y R I X Á W N Y W X I A C K
M P J U F R V R Á U N A J I U Z
N O V E M B E R B H M A H E U I
```

APRÍL
AUGUST
KALENDÁR
FEBRUÁR
PIATOK
JANUÁR
JÚL
MAREC
PONDELOK
MESIAC

NOVEMBER
OKTÓBER
SOBOTA
SEPTEMBER
NEDEĽA
ŠTVRTOK
UTOROK
STREDA
TÝŽDEŇ
ROK

7 - Energy

```
Y I J E V L T Z X N B L C H N T
Y I A L I T V D R T A U H L Í K
I H D E L N K T B S T K R L Z H
R E R K Í D O V K A É G W U N S
B I O T V I E T O R R V G H E W
T D V R S Ý N Ľ E T I V O N B O
P E Ý Ó Z W Ó L N X A W P L J V
B R P N F B T E N T R O P I A I
Y T I L E W O O U F N O I S N L
A S V E O O F C J B D J O I Í A
R O T O M T X C C K N N M A B P
O R M C B Y Y P L B K C A J R N
B P F S Y B S U W L S Z H F U W
Ý K C I R T K E L E C J S V T D
T X D V Z W D V L P A R A U O A
J Z N E Č I S T E N I E N M A M
```

BATÉRIA
UHLÍK
NAFTA
ELEKTRICKÝ
ELEKTRÓN
ENTROPIA
PROSTREDIE
PALIVO
BENZÍN
TEPLO
VODÍK
PRIEMYSEL
MOTOR
JADROVÝ
FOTÓN
ZNEČISTENIE
OBNOVITEĽNÝ
PARA
TURBÍNA
VIETOR

8 - Archeology

```
O D B O R N Í K H E R F C V J K
H O D N O T E N I E U R I Ý P E
X N E Z N Á M Y X L Y A V S O B
K K X U F K O S T I V G I K T E
T Y U F M O O W B J R M L U O C
E A H R H É S E R T T E I M M H
M N J G O R G Í X T R N Z N O R
D A X O E A S U L Z U T Á Í K Á
E Z A X M S A R P N K Y C K P M
R Ý I Y Í S J V L H E O I R M A
P L V S T L T Y B R V M A K E S
D A K O T I H V D O O P N T G I
W N I E F E F E O B R P I A X U
V A L Ý T U N D U B A Z J H J U
H Y E N J R X I X B T Y E I A H
B I R T A Z A S A S S A Y K E B
```

ANALÝZA
STAROVEKU
KOSTI
CIVILIZÁCIA
POTOMOK
ÉRA
HODNOTENIE
ODBORNÍK
ZISTENIA
ZABUDNUTÝ
FOSÍLNE
FRAGMENTY
TAJOMSTVO
PREDMET
RELIKVIA
VÝSKUMNÍK
TÍM
CHRÁM
HROB
NEZNÁMY

9 - Food #2

```
Y W D P K G S Y I E X W E O N J
M D L Y Y F X Y B Y R W O W R O
V R E O U Z V U R I T V O X D G
P Š E N I C A Ň Š E R E Č C Z U
E J O Z V F B G E B L C U B Z R
N W U O I K U A Y G C E J A V T
U X B R K Y H R E C R K Z N E H
L K J H B Z I F H O G E N Á O I
F T O H R Č O K O L Á D A N V I
R Y Ž A O J A K J A D A R A P O
O E K U K G S O L G V B U Y Z I
X O V G O A X Č X B Y M K H H Z
J B Z F L S F I Z K A Š U N K A
A Y R X I V G T S D U J C P Z R
O N D J C K P R H O P F L B C X
R N Á Ž A L K A B L I C D J Y V
```

JABLKO
ARTIČOK
BANÁN
BROKOLICA
ZELER
SYR
ČEREŠŇA
KURA
ČOKOLÁDA
VAJEC

BAKLAŽÁN
RYBY
HROZNO
ŠUNKA
KIVI
HUBA
RYŽA
PARADAJKA
PŠENICA
JOGURT

10 - Chemistry

```
M F U U C L E Z A O C T A A H F
U M O A H T E P L O T A T L M S
L U R R L B F U U J A R Ó K O O
B G G E Ó C S H K E D O M A T C
C E A G R Y U D E U C T O L N X
J C N Y L P X M L K O Á V I O B
R O I N P I K L O C K Z Á C S Z
K Y C J I K X J M M Í Y O K Ť P
U M K K A E N Ó I V L L S Ý F W
T V Ý J A D Ó J W O H A F L S P
E Z O Z X J R B S D U T S T Í T
P P U L N F T O B Í E A O D P K
L I W E F E K X V K L K Ľ X R T
O O T T H R E T V Ý Y G F X M S
M S V A N I L A P A V K J T A J
I A A K Y S E L I N A O N J W V
```

KYSELINA
ALKALICKÝ
ATÓMOVÁ
UHLÍK
KATALYZÁTOR
CHLÓR
ELEKTRÓN
ENZÝM
PLYN
TEPLO

VODÍK
IÓN
KVAPALINA
MOLEKULA
JADROVÝ
ORGANICKÝ
KYSLÍK
SOĽ
TEPLOTA
HMOTNOSŤ

11 - Music

```
V E U L H Y S M R Y M Y H J D U
M P E J B T O U Y S I M U B L A
D E O G T H P Z T X K N D E P H
J X L E L R E I M M R A O K C A
D J E Ó T Y R K I E O H B U W R
S O R Ý D I A Á C R F R N V Z M
Ú R X K M I C L K G Ó Á Í F P O
L T T C I R A K Ý L N V K C V N
A S P I E V A Ť Ý Y M A A G X I
D Á H T I C D V D R S N U M A C
P N I K Y H A V U I T I U L P K
D D H E P L L C C C A E W U Y Ý
M R R L B Y A U C K S P E V Á K
Z V T K G H B G V Ý J U U L B I
J F N E K L A S I C K Ý S E I Z
N O S U M T Y R E F R É N M D U
```

ALBUM
BALADA
REFRÉN
KLASICKÝ
EKLEKTICKÝ
HARMONICKÝ
SÚLAD
NÁSTROJ
LYRICKÝ
MELÓDIA
MIKROFÓN
MUZIKÁL
HUDOBNÍK
OPERA
POETICKÝ
NAHRÁVANIE
RYTMUS
RYTMICKÝ
SPIEVAŤ
SPEVÁK

12 - Family

```
V O M H D M U S I C E N A S M S
B N S B I A Ť E I D F S R Y A I
Y V Ú O V T S T E D N T A N N P
B F Y Č D K U N V O H H P O Ž L
Y O Z Z A A S T R Ý K O I V E Y
Y Y A B M N B D C É R A D E L G
P D E D K O R D A K B F E C K C
H R L C E N A R T A R B T L A T
K E E R C B T R E T E N I K X T
W D Ž D C P D I T G S L P T W O
H G N S O M Z É K S V O C T O O
A K A M S K W F X A E G A K T A
V N M L J D D S Z M L S L E E L
A C R K E F N B P Z V Y L J H I
U M J N A I E N L M A T I E K C
B A O U F G U T B F B K X V R I
```

PREDOK   VNUK
TETA   MANŽEL
BRAT   MATIEK
DIEŤA   MATKA
DETSTVO   SYNOVEC
DETI   NETER
BRATRANEC   OTCOVSKÉ
DCÉRA   SESTRA
VNÚČA   STRÝKO
DEDKO   MANŽELKA

13 - Farm #1

```
G S E P C A L B C D G E W Y G Ň
G T E O U D J I J Y O K K D H Ô
P K E M Z M W Z N K I A H I W K
W J O Z E C C Ó T E Ľ A R U K R
S O M Á R N X N O V I J O N H A
W S M I D M Á X N P R A O M W V
M Z D K Ŕ D E Ľ E L D A O P M A
Y E K W W T D G S O O Z N T A L
D D D J I L L Z Z T J O H A Č E
S G E X I I Z N U L W K P Ž K Č
M F C B C C C T E E K B W A V
Y O R H J M I X N X A R M R D X
X U H S Z T T T X Y J G K E O R
L X D V X P O L E C X R L X V S
X R E G O M M B Y Z B O C O C N
S J F X N U V V I H Z P T I T M
```

VČELA
BIZÓN
TEĽA
MAČKA
KURA
KRAVA
VRANA
PES
SOMÁR
PLOT

HNOJIVO
POLE
KŔDEĽ
KOZA
SENO
MED
KÔŇ
RYŽA
SEMENÁ
VODA

14 - Camping

```
D K H I I A T D S X L H B F K R
O I L K W S L O V Z A O H R G D
B F L O J N C R Z I N J C M L D
R I A T B O H E Ň Z O D R G Y J
O G S F L Ú R Z L V U A V K N Z
D V W A A Z K A U I V C N A T S
R V A J U S B J M E E I W N F U
U D Z K Y C Z T K R M A F O P P
Ž I C W U U K F H A S S W E E U
S Z S H Y Y M O R T S I Z D M V
T Á X F Y B H N M Á G E N T H X
V B Y C U P N J M P K Ť U T A P
O A P A M E S I A C A N Í B A K
D V U C X P O V A H A S E L N F
W A I Z G H G L U L J X G Z A I
E L Z I J V Z L B C S Y B J J K
```

DOBRODRUŽSTVO
ZVIERATÁ
KABÍNA
KANOE
KOMPAS
OHEŇ
LES
ZÁBAVA
HOJDACIA SIEŤ
KLOBÚK

LOV
HMYZ
JAZERO
MAPA
MESIAC
VRCH
POVAHA
LANO
STAN
STROMY

15 - Algebra

```
A H V S D F M Z D F G V C H N L
R U S Z A V E T N E N O P X E I
F X G M O L S Í Č W N J V U K N
N O E A K R O V T Á Z X N D O E
U D M R G L E I N E Š E I R N Á
L E B G J R E C U W W M T L E R
A I U A I F A K K X B X A Z Č N
F N P I R A I F C Z O X E T N Y
V A Y D X K Z L O M O K F G Ý U
L T L X E T Í R K J E G H T B P
J Í T O B O V K H W M A T I C A
H Č N L Š R I P R O B L É M X G
G D D P B N D R O V N I C E Y A
D O C B F M Ý N N E M E R P U M
Z J E D N O D U Š I Ť D M U B T
L H N S J O U F L F W K J R C I
```

DIAGRAM
DIVÍZIA
ROVNICE
EXPONENT
FAKTOR
FALOŠNÝ
VZOREC
ZLOMOK
GRAF
NEKONEČNÝ
LINEÁRNY
MATICA
ČÍSLO
ZÁTVORKA
PROBLÉM
ZJEDNODUŠIŤ
RIEŠENIE
ODČÍTANIE
PREMENNÝ
NULA

16 - Numbers

```
D E R J X T W R O P S A C U T D
D V V Z K I R G E W P G H X R E
P L A V D X T B A H Z F X J I S
T Ä M D Š E S Ť A B E A R J F A
F Y T O S K J S Ť S Á N A V D T
P T B N G A H Á O S E M R E N I
Ä G M D Á C Ň N Y L Á H Z D Z N
Ť A S E D S J T Ť S Á N I R T N
G U J V E X Ť Ä H U H E R F H É
T N J Ä L R U V V O J D Y T D I
C D U Ť B W G E I U Z E T V Š N
S I V P R B Y D G S W J Š C B B
J O S E M N Á S Ť S Á N T S E Š
T N E H I V S E D E M N Á S Ť X
X J L N N H W U U G K I L G U J
S E D E M I L N B G V I I S K D
```

DESATINNÉ
OSEM
OSEMNÁSŤ
PÄTNÁSŤ
PÄŤ
ŠTYRI
ŠTRNÁSŤ
DEVÄŤ
DEVÄTNÁSŤ
JEDEN

SEDEM
SEDEMNÁSŤ
ŠESŤ
ŠESTNÁSŤ
DESAŤ
TRINÁSŤ
TRI
DVANÁSŤ
DVADSAŤ
DVA

17 - Universe

```
I H U R K O R E V Z L Z V N P T
M I X D O H H L U U Y M I K S R
I N V K Z E I E F F H M D A T R
T B E J M M T Z E H Y H I T P C
M T W F I I S E P J A W T I J Y
A S R V C S C O L Ý K S E B E N
A B E N K F Y L L E M Í Ľ R H M
R F T V Ý É B D C Á S L N O E Ó
É N D I O R E T S A R K Ý V K N
F X N P V A V C I Y V N O V O O
S L N O V R A T P D L T Y P G R
O G A L A X I A F D R W X D M T
M A S T R O N Ó M I A P X W Z S
T E H G Z C H O R I Z O N T T A
A E V M E S I A C L G C X C F V
W X U X X T W D D I K T S T H D
```

ASTEROID
ASTRONÓM
ASTRONÓMIA
ATMOSFÉRA
NEBESKÝ
KOZMICKÝ
TMA
EON
ROVNÍK
GALAXIA

HEMISFÉRA
HORIZONT
MESIAC
ORBITA
NEBA
SOLÁRNY
SLNOVRAT
TELESKOP
VIDITEĽNÝ
ZVEROKRUH

18 - Mammals

```
N V E C I A N E T S K W Y S K L
A J O I P X T N X E B N A G U G
Y G K L V E T V J E W Z H Z U N
I V O L X C S S L O N Y D Z A V
T P J M A V B G Z E B R A B B M
M T O A R O H O P Z E V N N Ý Y
A E T Č A S L R P K L O K A N K
K L N K L E V I B O B O R P Í J
H O C A H E A L L Í Š K A P F N
B O P I E X Z A K R Á L I K L M
R I T I R U I R F I A T W T E I
W E K C C W T J F I O P G Y D T
W Y S P H A G O M D N M P T U C
M D A V E Ľ R Y B A M E D V E Ď
F N V F J Z W M L C I R I G T F
K Ô Ň G T M K R Ž I R A F A Y X
```

MEDVEĎ   GORILA
BOBOR   KÔŇ
BÝK   KLOKAN
MAČKA   LEV
KOJOT   OPICA
PES   KRÁLIK
DELFÍN   OVCE
SLON   VEĽRYBA
LÍŠKA   VLK
ŽIRAFA   ZEBRA

19 - Restaurant #1

```
Č A K S I M R I K I L J W H A U
A V O U N E M X Y W O K E C V C
Š Á S X G C O F B T G U K D D F
N K Ú T R E Z E D A Y R I J L O
Í U R R E I N A T U L A V D U O
Č C B C D B A K H H U E K C K F
K H O H I M Ä S O O K S R T W C
A Y U L E P O R T G S I P G B T
V Ň Y I N P O K L A D N Í K I Z
J A K E C P I K A N T N É O G A
M E R B I N Ô Ž G M R P J M R Z
O M S N E N B D N I P R T Á C A
R Z E Ť S R N P Y X C H E Č X J
R E Z E R V Á C I A Y D S K C T
U V R V O X Z F A B E A Z A A F
I K N K X D I S S D A F V G C P
```

ALERGIA
MISKA
CHLIEB
POKLADNÍK
KURA
KÁVA
DEZERT
JEDLO
INGREDIENCIE
KUCHYŇA
NÔŽ
MÄSO
MENU
OBRÚSOK
TANIER
REZERVÁCIA
OMÁČKA
PIKANTNÉ
JESŤ
ČAŠNÍČKA

20 - Bees

X	G	N	I	O	F	Y	F	O	J	J	Z	Y	M	H
F	U	Z	A	C	Y	Y	Y	M	X	H	E	Á	C	E	D
K	R	Á	Ľ	O	V	N	Á	E	R	R	D	H	B	D	S
Z	T	W	S	Ú	T	K	I	D	M	A	L	R	S	Y	H
S	L	N	K	O	K	U	J	L	É	B	O	A	B	H	O
P	R	O	S	P	E	Š	N	Ý	T	Ť	W	D	F	F	O
H	J	O	R	Y	S	D	Z	K	S	S	D	A	K	H	C
H	A	B	I	T	A	T	O	L	Y	O	A	K	V	V	Y
R	Z	L	B	E	P	E	W	F	S	D	A	R	E	S	F
V	O	Č	A	V	O	Ľ	E	P	O	O	G	H	T	N	E
A	D	J	G	K	I	I	I	H	K	R	G	J	R	T	Z
W	J	I	H	H	A	L	C	W	E	O	P	S	L	B	M
Y	G	Z	W	V	Z	K	O	M	J	N	E	N	S	C	P
D	Y	M	D	O	E	A	V	K	W	Z	Ľ	V	F	O	S
V	E	S	F	S	Z	T	O	T	C	Ô	Z	X	J	U	C
R	S	P	Z	K	K	H	N	V	V	R	F	P	Z	G	T

PROSPEŠNÝ
KVET
RÔZNORODOSŤ
EKOSYSTÉM
KVETY
JEDLO
OVOCIE
ZÁHRADA
HABITAT
ÚĽ

MED
HMYZ
RASTLINY
PEĽ
OPEĽOVAČOV
KRÁĽOVNÁ
DYM
SLNKO
ROJ
VOSK

21 - Adventure

```
S C P T S Ý N Č E P Z E B E N P
R T G P G Č I N N O S Ť I M A R
R A A P R Í P R A V A K K K D Í
P I D T E X K U R Z I A X Z Š L
H C S O O P R I A T E L I A E E
T Á O M S Č F L P Z A P I S N Ž
Z G B J H Ť N B C Š H I N Á I I
K I T B P L E O U F A V R R E T
Z V I L K N U N S H Z N C K F O
A A A D O W D O U Ť V M C K E S
B N Ž D Z C Y V Z Ý V S Ľ A E Ť
U O N A Z E T Ý I T I N E R Á R
W J O N E O B V Y K L Ý I X I X
O W S P O V A H A X S X C N H P
M W Ť S O N Č E P Z E B K F C J
W V V I V W G I J I B R J V X D
```

ČINNOSŤ
KRÁSA
STATOČNOSŤ
VÝZVY
ŠANCA
NEBEZPEČNÝ
CIEĽ
OBTIAŽNOSŤ
NADŠENIE
EXKURZIA

PRIATELIA
ITINERÁR
RADOSŤ
POVAHA
NAVIGÁCIA
NOVÝ
PRÍLEŽITOSŤ
PRÍPRAVA
BEZPEČNOSŤ
NEOBVYKLÝ

22 - Sport

```
P C Ť E X J O G G I N G U C K C
T R S U R M J O T Y E E L E K G
A E O M A X I M A L I Z O V A Ť
N N L G W B Z F V A V D L O C T
E É A A R W X V I V A Ý E T G C
C R V A T A X F Ž S R C T R X N
L T R Y H X M L Ý U D H B O I H
W Y T T M J T J V X Z A P P H O
Š T Y N F K S I L A W Ť F Š B V
P P V X J O G E C S I V E N S
X P O T J S A L T A I N N Y Y V
E J V R R T Z Z O F E S P N F O
P W S J T I J V G S Ľ D J W M T
D I É T A O C Y K L I S T I K A
B A E Y M L V S C H O P N O S Ť
M P I Z C H G É Y X P U W L W P
```

SCHOPNOSŤ
ŠPORTOVEC
TELO
KOSTI
TRÉNER
CYKLISTIKA
TANEC
DIÉTA
VYTRVALOSŤ
CIEĽ

ZDRAVIE
JOGGING
MAXIMALIZOVAŤ
SVALY
VÝŽIVA
PROGRAM
ŠPORTOVÉ
SILA
DÝCHAŤ

23 - Restaurant #2

```
H X R K B N S K R R F A J S G M
T W E Í O V U E K U G N U T R V
M R Z N D R A C I L D I V O O X
B R A Š O Z E J O P Á N E L O M
H D N A S M Z N C W K E N I Y A
A U C Č L R U T I I V L X Č Z C
H B E V O D A O P E A E I K Z M
R I E D I D S R H S E Z Č A R N
O G O G V M O T Á L A Š F E X X
L Y Ž I C A O A H V J A L K R Y
C X H N G G B P O L I E V K A A
H U L N U M E Z V E I D F U A U
W I G S Ý N D O H A L J P A R V
X V R O X O V M H W R Y B Y K I
L S E Ľ E R B M P L V O Y H J U
O V O C I E Y X Ľ A D U E B C P
```

NÁPOJ
TORTA
STOLIČKA
LAHODNÝ
VEČERA
VAJCIA
RYBY
VIDLICA
OVOCIE
ĽAD

OBED
REZANCE
ŠALÁT
SOĽ
POLIEVKA
KORENIE
LYŽICA
ZELENINA
ČAŠNÍK
VODA

24 - Geology

```
L Z P J U H Z J N V X F R P K P
C Y K L Y L Á T Š Y R K C G O L
A E D K U U Z F T U O A N B R O
F X B P Y C U F P P H V P Y A Š
W K K I F W N L H J X G V S L I
G E I N E S A R T E M E Z O O N
E R N W L K F R I Y R D T Ľ V A
J Ó P D W O K O V R S T V A M K
Z Z Á Y N N D A S K R E M E Ň P
Í I V L W T J S M Í Y G L Y S O
R A V Á L I T A K E L F P U E S
A W K R E N O H S A Ň N X Y R C
P D P E F E F J W K G X E S I X
F U L N A N I L E S Y K A U K J
Y I E I P T W U P Y F Ň V Z J T
U I V M Z E T I T K A L A T S M
```

KYSELINA
VÁPNIK
JASKYŇA
KONTINENT
KORALOV
KRYŠTÁLY
CYKLY
ZEMETRASENIE
ERÓZIA
FOSÍLNE

GEJZÍR
LÁVA
VRSTVA
MINERÁLY
PLOŠINA
KREMEŇ
SOĽ
STALAKTIT
KAMEŇ
SOPKA

25 - House

```
K A Z V Z Y O D H H K E P C V O
O N E T M F N X K W O X D G U K
T E I N J L V C D A B C K C A N
Y T O Ž S J V E X I N D B A K O
B S D Á N F N U E Z V H W V R Z
Á F B R K I E Y D B Á A B Z I S
N I D A M U C C W U P H A R F W
Z F I G T M L A E G O C R H Z B
K Ľ Ú Č E A E G Y C D E U A D T
L A M P A X A T O A K R Z Ň D E
Z Á C L O N Y O L H R T T Y G A
D V E R E Z J L D A O S S H L H
E G M L F D Z P A L V P D C P C
E L W V O G B H K D I F D U M R
D E R L W K D E R O E W R K V P
P J H U L K C S Z P J E I T M S
```

PODKROVIE
METLA
ZÁCLONY
DVERE
PLOT
KRB
PODLAHA
NÁBYTOK
GARÁŽ
ZÁHRADA

KĽÚČE
KUCHYŇA
LAMPA
KNIŽNICA
ZRKADLO
STRECHA
IZBA
SPRCHA
STENA
OKNO

26 - Physics

```
R P U N I V E R Z Á L N Y S C M
O E L L A M N O A T O T S U H A
T Z L Y I E A T C J M F W R A G
O R G A N V V E B I U R E Z O N
M Ý K J T A F B T A O E L I S E
T C M L H I Ý X N D V K E G S T
Z H N A M Z V Y U A T V K V O I
M L F T O N O I Ý Y I E T N C Z
T E R Ó T A R D T K K N R A T M
E N Y M N P D B F A C C Ó L M U
T I I Y O X A J I C E I N U P S
S E I Z S E J O G I R A M K X M
G J R E Ť T K Y Y T O W L E U W
M E C H A N I K A S Z B R L H B
R Ý C H L O S Ť K A V Z B O O C
K P R R X J N W Z Č Y R X M B Y
```

ZRÝCHLENIE
ATÓM
CHAOS
CHEMICKÝ
HUSTOTA
ELEKTRÓN
MOTOR
EXPANZIA
VZOREC
FREKVENCIA

PLYN
MAGNETIZMUS
HMOTNOSŤ
MECHANIKA
MOLEKULA
JADROVÝ
ČASTICA
RELATIVITA
UNIVERZÁLNY
RÝCHLOSŤ

27 - Shapes

```
E Z J G N E P M X N T N S C R M
H O Z D R L Y U C K M Á T K O N
U R E D R I R Z X T V M R U K O
R E A C O P A K N I L E A Ž O H
K J Z N X S M I V H Á S N E C O
G P C H O A Í N L Y V T A Ľ K U
V A L E C L D Ž U P O I O S A H
S U M V L S A Ĺ L E C E J U U O
S I K C R S X D B R H J Z B A L
Z V R Ú S O J B I B M A J D T N
I O I V L B L O P O N R C J W Í
M I V X U B V L W L A K Z J O K
A Y K U N H O C R A R O R A M W
N P A R É F S S G Ú G U Z H C K
F B O H Z R T A I F T S X R V B
T R O J U H O L N Í K J C D J D
```

OBLÚK
KRUH
KUŽEĽ
RÚT
KOCKA
KRIVKA
VALEC
OKRAJE
ELIPSA
HYPERBOLA

LINKA
OVÁL
MNOHOUHOLNÍK
HRANOL
PYRAMÍDA
OBDĹŽNIK
STRANA
SFÉRA
NÁMESTIE
TROJUHOLNÍK

28 - Scientific Disciplines

```
B E P Z I P E M A R Z K G S V C
X O B D K U X O N C O M E O S A
A B T G M P A L A H O E O C V S
P C F A F V L C T A L C L I O T
J X P T N D V X Ó I Ó H Ó O E R
Z P D F F I E L M G G A G L O O
A I G Ó L O K E I Ó I N I Ó B N
C H É M I A C A A L A I A G I Ó
I V A L D G J V Z O G K O I O M
M I N E R A L Ó G I A A H A C I
N X R Z H S S K H Z H X W N H A
B O Z A I G Ó L O E H C R A É J
U N O A I G Ó L O N U M I D M A
B J S A I G Ó L O I Z Y F H I O
B I O L Ó G I A N K T F I D A J
L I N G V I S T I K A Y H R L S
```

ANATÓMIA
ARCHEOLÓGIA
ASTRONÓMIA
BIOCHÉMIA
BIOLÓGIA
BOTANIKA
CHÉMIA
EKOLÓGIA
GEOLÓGIA

IMUNOLÓGIA
KINEZIOLÓGIA
LINGVISTIKA
MECHANIKA
MINERALÓGIA
FYZIOLÓGIA
SOCIOLÓGIA
ZOOLÓGIA

29 - Science

```
O E F R A S T L I N Y Z F M R M
I R P L I T G C N S W A O P A I
P Z G A J N P R Z D L T S K V N
D C R A F E W A A O W Ó Í M Ý E
D L V Z N M E S N V U M L H V R
F J H E C I T S A Č I M N T O Á
F A K T V R Z D F G E T E X J L
K Y K O E E Y M C L C C Á F H Y
T L T V D P A N U G M F D C V C
Ú U Í M E X U C N S F V C C I N
D K V M C E C H E M I C K Ý M A
A E W O A Z É T O P Y H K K E K
J L J K K X E K Z M A R K E T I
E O L B R K F O P O V A H A Ó Z
P M U I R Ó T A R O B A L Z D Y
Z A B C V U I I J N T A T K A F
```

ATÓM   LABORATÓRIUM
CHEMICKÝ   METÓDA
KLÍMA   MINERÁLY
ÚDAJE   MOLEKULY
VÝVOJ   POVAHA
EXPERIMENT   ORGANIZMUS
FAKT   ČASTICE
FOSÍLNE   FYZIKA
GRAVITÁCIA   RASTLINY
HYPOTÉZA   VEDEC

30 - Beauty

```
M V S O K A A P V N Ó P M A Š F
Y Ô M T M A K E U P O X R X C A
P Ň N K I B C J P M Ť Ž X M S R
G A C X R O I Z S R S A N S T B
Z A I C N A G E L E O M A I U A
Y K R F N Ž Ú R U T L D M V C V
U I S A F O L M Ž P I Y U Z J E
E T T T K K F K B X M E C K U H
L E Y K K S T E Y X U N V U T U
E M L M I V A Z R K A D L O U Y
G Z I J H V Y M E O O H Y N U T
A O S W B Z V Y Č L R S M D K F
N K T P J A Z W U E J U C C P H
T K A Č A R O H K J N C P Z A S
N S S A I M R O T E O L H W P L
Ý K C I N E G O T O F X C F E J
```

ČARO
FARBA
KOZMETIKA
KUČERY
ELEGANCIA
ELEGANTNÝ
VÔŇA
MILOSŤ
RÚŽ
MAKE-UP

MASKARA
ZRKADLO
OLEJE
FOTOGENICKÝ
PRODUKTY
NOŽNICE
SLUŽBY
ŠAMPÓN
KOŽA
STYLISTA

31 - Clothes

P	Ť	Š	Á	L	P	V	S	K	Z	N	Z	O	J	P	I
Y	J	Y	Á	A	E	V	Y	S	M	A	Á	N	W	B	A
Ž	X	T	S	L	A	T	P	N	N	O	S	C	C	U	E
A	Ň	K	U	S	P	P	D	O	I	Y	T	V	W	F	D
M	X	L	E	C	M	Ó	D	A	Z	C	E	P	D	X	I
Á	W	E	K	Z	Y	B	H	Ľ	D	V	R	C	Ž	T	M
Š	P	E	R	K	Y	L	N	E	W	N	A	D	Í	O	N
G	T	C	E	O	T	Ú	O	Š	A	E	U	J	N	P	C
M	I	I	T	M	A	Z	H	O	L	X	L	B	S	Á	O
D	E	V	E	A	Š	K	A	K	W	K	E	J	Y	N	R
Y	J	A	V	R	Y	A	V	T	U	W	L	S	B	K	K
T	A	K	S	Á	I	A	I	I	S	H	I	O	W	A	J
M	G	U	W	N	I	G	C	B	I	J	O	W	B	P	Z
L	Z	R	P	Á	S	G	E	L	Á	D	N	A	S	Ú	L
G	C	L	H	A	O	E	R	J	H	A	B	A	X	N	K
K	I	A	Y	T	B	U	H	G	D	K	I	V	F	D	W

ZÁSTERA
PÁS
BLÚZKA
NÁRAMOK
PLÁŠŤ
ŠATY
MÓDA
RUKAVICE
KLOBÚK
BUNDA

DŽÍNSY
ŠPERKY
PYŽAMÁ
NOHAVICE
SANDÁLE
ŠÁL
KOŠEĽA
TOPÁNKA
SUKŇA
SVETER

32 - Ethics

```
Ľ U D S T V O U U I F I S B R Ú
T R P E Z L I V O S Ť H P E A C
T O L E R A N C I A Z G O N C T
D I P L O M A T I C K Ý L E I I
L S P D Ý T L L P N Y L U V O V
Á Ú O Ô V N A Y P I T J P O N Ý
S C C S S U M Z I L A E R L A M
K I T T U I H U L G B P Á E L Ú
A T I O M C N O Z U H C C N I D
V B V J Z X K T D O C R A T T R
O I O N I J K N E N R D I N A O
S G S O U X Y C U G O P Z Ý F S
Ť B Ť S R B O L O J R T X A S Ť
M Z K Ť T G E X F C S I Y Y K A
U K C Y L S U M Z I M I T P O I
Y G G A A I F O Z O L I F A U I
```

ALTRUIZMUS
BENEVOLENTNÝ
SÚCIT
SPOLUPRÁCA
DÔSTOJNOSŤ
DIPLOMATICKÝ
POCTIVOSŤ
ĽUDSTVO
INTEGRITA
LÁSKAVOSŤ

OPTIMIZMUS
TRPEZLIVOSŤ
FILOZOFIA
RACIONALITA
REALIZMUS
ROZUMNÝ
ÚCTIVÝ
TOLERANCIA
HODNOTY
MÚDROSŤ

33 - Insects

```
T H W R C S R Š E Ň M O T Ý Ľ K
A H V E I O V S S W F J T V H O
V U C Z K I C V T F D D I Y V B
F N Y D Á V B Ä G X G A M B K Y
F P A L D I N T K O M Á R X Z L
A Z T W A E G O E W E S E V H K
O W A N O L A J P G Z U T E A A
E P F Z S N J Á C H R O B Á K L
B H U F E S B N B Y Z R Á X N E
Z L D U C G N S F X R R V R E Č
V H C V E U Z K V X E D Š G I V
I C F H V S P Y Á M X G O M L D
E T Y F A O Z W Ž O W W I S T P
E I U J R D Š E K R I S N Y A E
A J V Z M J O K A V R A L Y T J
I J O Z S I T N A M F U D W H U
```

MRAVEC
VOŠKA
VČELA
CHROBÁK
MOTÝĽ
CIKÁDA
ŠVÁB
VÁŽKA
BLCHA
KOBYLKA

SRŠEŇ
LIENKA
LARVA
SVÄTOJÁNSKY
MANTIS
KOMÁR
MOR
TERMIT
OSA
ČERV

34 - Astronomy

```
S Ú H V E Z D I E C V V P H G U
M J Y V A U B C W C V F N U K I
U A L K R F Z D S E E F M R O X
I A I X A L A G J E T O F K Z H
R O V N O D E N N O S Ť Y O M M
Ó S M O F A S T E R O I D R O L
T A P C N M E S I A C M R E S O
A T L V U R O E T E M E D V O V
V E A T S F E I N E M T A Z T I
R L N U L X P P P U V S V V P N
E I É D O F U P C A D R J S A
S T T U A N O R T S A F S F Z T
B N A N C I N Ž I A R E N I E E
O Ý D B O I Z U K L P S J O G K
O M F X E B Y E X L T B O A Y A
A S T R O N Ó M M H V Y U T B R
```

ASTEROID
ASTRONAUT
ASTRONÓM
SÚHVEZDIE
KOZMOS
ZEM
ZATMENIE
ROVNODENNOSŤ
GALAXIA
METEOR
MESIAC
HMLOVINA
OBSERVATÓRIUM
PLANÉTA
ŽIARENIE
RAKETA
SATELITNÝ
NEBA
SUPERNOVA
ZVEROKRUH

35 - Health and Wellness #2

```
D V U K F U S E R T S A H U O C
D L G C Z Ť S O N T O M H O B H
Y Y I V V I L C D E J X D N N O
C U T I W Z P M E G R E K W O R
V J S C F I I N H E E G Z G V O
I N F E K C I A Y N N C I K E B
W L M R O Ý W N D E E V O A N A
D D G K R V F E R T R Ý D C I L
E I Ž Á S A M I A I C Ž K I E L
F A É Y L R J G T K H I C N C Y
C J F T Y D R Y Á A U V B C D W
J I M N A Z X H C O Ť A K O D C
A N A T Ó M I A I N M V Y M P B
K A L Ó R I E F A I P N H E X U
V I T A M Í N S G D U V S N A Y
A P S A G A X S C A L E R G I A
```

ALERGIA
ANATÓMIA
CHUŤ
KRV
KALÓRIE
DEHYDRATÁCIA
DIÉTA
CHOROBA
ENERGIA
GENETIKA

ZDRAVÝ
NEMOCNICA
HYGIENA
INFEKCIA
MASÁŽ
VÝŽIVA
OBNOVENIE
STRES
VITAMÍN
HMOTNOSŤ

36 - Disease

```
Z I I T S O K C H R O N I C K Ý
D X N D Y N L Á I R E T K A B K
R C L R N I M U N I T A E N B C
A F X V D D E D I Č N Ý J Á R I
V K H T R F Y E B Z M K A K U T
I T Y I Ó F K S F Á Z I G A Š E
E E D D M S J U A P F E X Z N N
P R P Z Y R N Y I A H U P L Ý E
F A Z G B N C P T L H L I I G G
R P P T Y F Í C A H C Ý D V I F
E I G R E L A N P T S N J Ý H I
R A P M X T J K O W O L R C A B
S R D C E J P W R K L G A Z H K
B E D R O V E J U A E J É B R V
I F K Z R E T V E X T H F N Ý A
V P O I J E N B N J X G D Y I H
```

BRUŠNÝ
ALERGIE
BAKTERIÁLNY
TELO
KOSTI
CHRONICKÝ
NÁKAZLIVÝ
GENETICKÝ
ZDRAVIE
SRDCE

DEDIČNÝ
IMUNITA
ZÁPAL
BEDROVEJ
NEUROPATIA
PATOGÉN
DÝCHACÍ
SYNDRÓM
TERAPIA
SLABÝ

37 - Time

```
R P G D N E S I K O R G J I M G
D O H F C O Z C A I S E M H G F
E E Č W U N J H L M I N Ú T A T
R H S N K O M B E Č O S K O R O
P J F A Ý C E V N T Ý Ž D E Ň J
Y C O I Ť P R W D K D R C W E L
H P H I S R T S Á I A Y O D D B
R Á N O O G O O R H H Z D K P I
K N P F N E I Č O R O T S P S W
I H R B C G U E I N D U L O P I
R H N I Ú G B B A E I Z K E P J
X K X H D V E G D Y N I D O H P
X O U W U H I U U Z A R E T T T
D Z E E B N H J S Z H T F N B C
N J D Z X Z G P I D X E G X Y B
X D D Y S Z X F W J N K O J N N
```

ROČNÝ
PRED
KALENDÁR
STOROČIE
HODINY
DEŇ
DESAŤROČIE
SKORÝ
BUDÚCNOSŤ
HODINA

MINÚTA
MESIAC
RÁNO
NOC
POLUDNIE
TERAZ
ČOSKORO
DNES
TÝŽDEŇ
ROK

38 - Buildings

```
P S K R B L U H R A D U N H C L
Š T A D I Ó N Y K Y S Z E O V A
P R Ň E N J N K C I F C M S A B
M V E Ž A N Í B A K N T O T O O
N Y R I T Y B L B M E O C E F R
B L Á Š S J X P M E Z V N L A A
S U V Y K K V J T H K L I J R T
T P O E T O L D A V I D C V M Ó
O U T N O P L H O T E L A D R R
D E T O X G C A N G C P Y J X I
O U M U I R Ó T A V R E S B O U
L M D Ú S U P E R M A R K E T M
A A T I Z R E V I N U J O F P V
G J I D W E W O J I G K X C C S
Z V P S D Y U S G G I R L E G W
W M I O P H O M K G C X N T L R
```

BYT
STODOLA
KABÍNA
HRAD
KINO
TOVÁREŇ
FARMA
NEMOCNICA
HOSTEL
HOTEL

LABORATÓRIUM
MÚZEUM
OBSERVATÓRIUM
ŠKOLA
ŠTADIÓN
SUPERMARKET
STAN
DIVADLO
VEŽA
UNIVERZITA

39 - Philanthropy

```
U J P M M B Z Ľ Ľ U D I A F P M
W I P S I G B W U T O L M F O C
R T R X S B L K Y D I X N G C I
U A T K I G W G X Ť S X W Ť T E
A T R X A Y Z F A S T T Z A I L
H I S T Ó R I A O O J Y V V V E
P R O G R A M Y K N U J V O O Y
Š A I R D C A T O J D Z Ý B S S
T H C R E M N K M E X Y Z E Ť A
E C S R T L L A U R N C V R K C
D R F K I X O T N E A A Y T F I
R D J E U A P N I V N M T O F A
O V E U L P H O T S M W S P A W
S I V P A M I K A D A R O V A Ť
Ť M L Á D E Ž N F I N A N C I E
C H O E O W J O Y U C N Z H R O
```

VÝZVY
CHARITA
DETI
KOMUNITA
KONTAKTY
DAROVAŤ
FINANCIE
FONDY
ŠTEDROSŤ
CIELE

SKUPINY
HISTÓRIA
POCTIVOSŤ
ĽUDSTVO
MISIA
POTREBOVAŤ
ĽUDIA
PROGRAMY
VEREJNOSŤ
MLÁDEŽ

40 - Gardening

```
V D I E J I P Ý V O N I T E V K
O T C X E D Š O U L D R U H B P
D Y U O D P T P J S H L C N F V
A Z T T L F D G I A O K Y K W C
Y I P I É J Y I A N M P O Z X U
F T A C I D A H D Y A W Y S E R
I L W K M S P B Ô L Z V R I Ť M
A R Y Ý D K O M P O S T N M M K
K O N T A J N E R K Y T I C A V
S I N B S M B O T A N I C K Ý E
L L Ó M U K Í L Í S T I E H X T
I B Z L K X F L F K S Y C M G I
S M E S P H X Z K H A Y L P D A
T E S D V K E O S E M E N Á T R
W I C Z C S O E U Y W R S U T S
V J T I B N W G K T H L Y R P S
```

KVET
BOTANICKÝ
KYTICA
KLÍMA
KOMPOST
KONTAJNER
ŠPINA
JEDLÉ
EXOTICKÝ
KVETINOVÝ

LÍSTIE
HADICA
LIST
VLHKOSŤ
SAD
SEZÓNNY
SEMENÁ
PÔDA
DRUH
VODA

41 - Herbalism

```
J W J L B N F H R D U S I Z T T
A V F Z N N K Z T K A N S E C I
G P K L J G E A Ľ U D N A V E L
U N G O X U Z T W C B A D S B R
A H M Ž U I S Ä K H A R A A P A
S N O K P U E M V Á M F R A E S
L H U A H R J T C R I A H N T T
N Í R A M Z O R S S U Š Á M R L
O R E G A N O S H K U K Z A Ž I
A I D C K H L Y P Y T V Z J L N
I U S J L Á N E L E Z E T O E A
A R O M A T I C K Ý Š T U R N K
H M Z P Z Y R C B I X N A Á G Y
E D D X A I L Z H B N D Ý N I A
P Y O U B Z A F V U J E A H R A
E S T R A G Ó N J L Ť T F S T J
```

AROMATICKÝ
BAZALKA
PROSPEŠNÝ
KUCHÁRSKY
FENIKEL
CHUŤ
KVET
ZÁHRADA
CESNAK
ZELENÁ

ZLOŽKA
LEVANDUĽA
MAJORÁN
MÄTA
OREGANO
PETRŽLEN
RASTLINA
ROZMARÍN
ŠAFRAN
ESTRAGÓN

42 - Vehicles

```
N Á K L A D N É A U T O T A A L
L G X T E Y O H V K C J J P M I
R O T O M A J F M S U G K Ď B E
P A N Á V A R A K M E T R O U T
C O K Í N Ľ U T R V X H I L L A
T Z N E V H W S D O G U X E A D
S U B O T U A D Y Z T Y A Z N L
S F W G R O T R A J E K T Y C O
B K S F F K P W S H C I E E I A
I J Ú K N A A L I X T T K E E R
A O Z T A V G E Á V A A A U T O
C B O F E L C K H N X M R X D T
C F B A U R J Y I I I U N V H K
A G A R B C P C T D H E V J J A
E Y X E T Y B I N D D N O O H R
E J E O K A I B O Z E P W M G T
```

LIETADLO
AMBULANCIE
BICYKEL
LOĎ
AUTOBUS
AUTO
KARAVÁNA
TRAJEKT
VRTUĽNÍK
MOTOR

RAFT
RAKETA
SKÚTER
RAKETOPLÁN
PONORKA
METRO
TAXI
PNEUMATIKY
TRAKTOR
NÁKLADNÉ AUTO

43 - Flowers

```
W L R Y Ď A O U A I L Ľ K I O I
B G E I A R M R L P U A Y B V S
X D G H T I A N G W H L T I J E
O T H Z E D K F N O F I I Š A D
V P J L L W E J G Y V A C T Z M
Z I A C I N Č E N L S Á A E M O
A Ľ U D N A V E L Í N L N K Í K
M H G M A I C N E S I C R A N R
T A K N O V I P C T Z C R U D Á
U E G P G W T P J O I S K D O S
L D T N Ú R V Z G K W O P I X K
I I M T Ó P Y A N E C H T Í K A
P H Z E U L A P L U M E R I A J
Á C R G U C I V H M P F L M F W
N R G E G U U A A I N É D R A G
Z O F R R Y V E P F T T L N V V
```

KYTICA
NECHTÍK
ĎATELINA
NARCIS
SEDMOKRÁSKA
PÚPAVA
GARDÉNIA
IBIŠTEK
JAZMÍN
LEVANDUĽA

ORGOVÁN
ĽALIA
MAGNÓLIA
ORCHIDEA
PIVONKA
LÍSTOK
PLUMERIA
MAK
SLNEČNICA
TULIPÁN

44 - Health and Wellness #1

```
V V K W E N T S I C X J T D H J
I F B Z A H V C F V U Z V H O E
P Z A B Z T E R A P I A W K R B
I E N G C R E F L E X B N L M U
T X I T S O K F K J T Č G E Ó K
E S N R W R P X W S Z E P K N O
R T E A É F C U K E V I R Á Y Ž
M D M A K T Í V N Y Y L E R L A
U V O K T F K H R Á K E L E A E
R G L Š S B D A L H W T A Ň V X
M Z Z Ý L N R K B A M U X W S N
P H Y V R E N I T S K M Á Z D H
X V Í R U S O N Z Ť A H C Ý D M
U P R S W N J I B P G C I O S O
Z F F W X U Y L S K K N A S V T
J R Y F B T V K U I E P D S C W
```

AKTÍVNY
BAKTÉRIE
KOSTI
KLINIKA
LEKÁR
ZLOMENINA
ZVYK
VÝŠKA
HORMÓNY
HLAD

SVALY
NERVY
LEKÁREŇ
REFLEX
RELAXÁCIA
KOŽA
TERAPIA
DÝCHAŤ
LIEČBA
VÍRUS

45 - Town

```
K L I N I K A N D Ň F X D F E Y
S D K N Í H K U P E C T V O U N
U K L M B V M N H R T K Z K N T
P P V U I A F Y C Á C I O S I S
E T Z E A H N N O K G N S I V K
R D L Z T O F K V E X O F T E N
M I D Ú F I R U A P I K G E R I
A Z L M Y V N Ó I D A T Š L Z Ž
R D O C G Ň B Á V Z C I T Y I N
K C H K M E F J R W J F R H T I
E S J O J R H S R S O P J O A C
T H M B Š Á Y T S I T M Y T C A
E X T C F K B K R Z V V D E P O
D B Z H M E O O Z V P H O L M T
P B K O E L J L G A L É R I A P
W K I D M V P C A D I V A D L O
```

LETISKO
PEKÁREŇ
BANKA
KNÍHKUPECTVO
KINO
KLINIKA
KVETINÁRSTVO
GALÉRIA
HOTEL
KNIŽNICA

TRH
MÚZEUM
LEKÁREŇ
ŠKOLA
ŠTADIÓN
OBCHOD
SUPERMARKET
DIVADLO
UNIVERZITA
ZOO

46 - Antarctica

```
V O D A A T O L P E T Ľ Z Y T F
V F R U A S S C O E Z A Y Y N U
I Ý G Z C J T O L X X D U A E Z
L R S U A X R O O P H O E I N R
Á A F K G U O M S E T V I F I T
Z M X D U N V U T D N C D A T I
A I I O A M Y I R Í H E E R N A
J W N G F M N O O C E J R G O N
A D C V R X E Í V I Z Á T O K A
O I D E H Á J D K A M P S E T R
D U D D P G C U P O P Z O G I H
Ľ G T E F A P I W B V Z R I H C
N A K C E S Y X A L W V P A P O
V D D K R R A I F A R G O P O T
E M S Ý X E T C O K N T I U E V
S K A L N A T Ý T Y K Á T V H K
```

ZÁLIV
VTÁKY
OBLAKY
OCHRANA
KONTINENT
ZÁTOKA
PROSTREDIE
EXPEDÍCIA
GEOGRAFIA
ĽADOVCE

ĽAD
OSTROVY
MIGRÁCIA
POLOSTROV
VÝSKUMNÍK
SKALNATÝ
VEDECKÝ
TEPLOTA
TOPOGRAFIA
VODA

47 - Ballet

```
H Y B Z P V I T L K O P Š F H N
G X Y R B C U Z K S U R C T F X
I F U U I C Í N Č E N A T W Ý N
W A F Č A X U O T L S X B J V L
P I Z N M A M R P T P M A T A D
B F Y O H B E C T O R Y T M U S
E A U S I I L H S P H V I T P U
X R L Ť M C E E S A O W Z E M O
P G L E U X C S V U G T N C I X
R O L H R E K T A Y Z G E H B T
E E N L U Í Ý E L L A E T N L V
S R X L W D N R Y G K S N I R Y
Í O T U Ý N B A V Ô P T I K W K
V H P W A W X A B F H O W A U O
N C S K Ú Š K A P U B L I K U M
Y V X O S K L A D A T E Ľ X D R
```

POTLESK
UMELECKÝ
PUBLIKUM
BALERÍNA
CHOREOGRAFIA
SKLADATEĽ
TANEČNÍCI
EXPRESÍVNY
GESTO
PÔVABNÝ

INTENZITA
SVALY
HUDBA
ORCHESTER
PRAX
SKÚŠKA
RYTMUS
ZRUČNOSŤ
ŠTÝL
TECHNIKA

48 - Human Body

```
K O S T I S U W A G D M U R M S
R N Č I A Y Z D L X Y R U K A O
K E H E F A S A O X I V C G V C
O L M C Ľ Z L K D D A K N I A G
N O O D O U A P C X N K Z D L K
K K Z R E M S A J W J J O M H S
F R O S V G P Ť Z S C W Z Ž Y A
Ú N G V X P R E N I U L N Y A U
S K P X T S S K U X D B A U G N
T D T C B A T A D A R B L O I K
A H O N J O B L R N D W I A K B
N S H O N E M A R Č L E N O K P
X E C S T V Á R W D N X X W P D
G B U V Y E I H T D I C F G J Z
K U B W B P I B S Y R L Z N O E
J J F K R V T C S T J R Y S P S
```

ČLENOK
KRV
KOSTI
MOZOG
BRADA
UCHO
LAKEŤ
TVÁR
PRST
RUKA

HLAVA
SRDCE
ČEĽUSŤ
KOLENO
NOHA
ÚSTA
KRK
NOS
RAMENO
KOŽA

49 - Musical Instruments

```
K H U S L E Z J K P L A N O U P
O L E Č N O L O I V V N M E X E
F H A T U A L F J Z C Í C B M R
G A A R H O K N O V Z L K M N K
B O R R I N K O B S L O D L P U
Z A N M U N Ó T O A Y D C T E S
L O K G F R E F H U I N H R T I
A W B H P L D T O J N A B O A E
M A R I M B A V X N M G M M I
H F Í K C T R Ú B K A U V B B S
M R V L Z O A I E Z G S X Ó U J
X A A L C G T I L N C N D N R J
V H L L W A I Y K C P H T O Í B
E V K A E F G K Y V X R U B N F
U A B U E T N T X S S U W U A I
D P F C C X N L A B R I M B J G
```

BANJO
FAGOT
VIOLONČELO
ZVONKOHRA
KLARINET
BUBON
FLAUTA
GONG
GITARA
HARFA

MANDOLÍNA
MARIMBA
HOBOJ
PERKUSIE
KLAVÍR
SAXOFÓN
TAMBURÍNA
TROMBÓN
TRÚBKA
HUSLE

50 - Fruit

```
Y Z F E M E G B B A N Á N O H A
K H V Z S A G Z I V I K Ó R R V
J O V X D G R R T A V P L A U O
S N K K U I J H A U C A E N Š K
T Z P O I F H B U G N P M Ž K Á
C O X F S N E F U L K Á Z O A D
O R X Y K O F C B J E J V V Ň O
Y H A S L B V T R G N A J Ý Š K
Z L N M H W S Ý C I T R Ó N E L
N L A B O B U L E D X Y D G R B
B M N X B R O S K Y Ň A I E E A
M V Á C W G C G A S T N V G Č J
C Y S K S N N U N T L I W L O T
U V M G H Y S H L A O L H L P Z
C U P J H L C E L A M A B F C C
C B M J Y N E P E T C M X T M N
```

JABLKO
MARHULE
AVOKÁDO
BANÁN
BOBULE
ČEREŠŇA
KOKOSOVÝ
FIGA
HROZNO
GUAVA
KIVI
CITRÓN
MANGO
MELÓN
ORANŽOVÝ
PAPÁJA
BROSKYŇA
HRUŠKA
ANANÁS
MALINA

51 - Engineering

```
G B P K S T R O J S E S P U M Š
A M M A R G A I D T N B W B E T
T J E L W F L E K A C Z E D R R
K Y U K U S I C Y B T Z T V A U
G D A U D H S P N I J F F C N K
E E P L Y D O D I L K N A G I T
P K E Á E A B L I I B C H N E Ú
G Z R C O R Z H D T M O T O R R
L C Z I P Á K Y Ĺ A J L P W T A
I T H A J A I C Ú B I R T S I D
R O Z M E R Y N O R K C J K T H
C I K P C P P O H O N A K V Y F
K V A P A L I N A P R I E M E R
K K I I V Z E N E R G I A A N F
F M D K O N Š T R U K C I A A O
A D T Y Y K C G G I E A P L R S
```

UHOL
OS
KALKULÁCIA
KONŠTRUKCIA
HĹBKA
DIAGRAM
PRIEMER
NAFTA
ROZMERY
DISTRIBÚCIA
ENERGIA
PÁKY
KVAPALINA
STROJ
MERANIE
MOTOR
POHON
STABILITA
SILA
ŠTRUKTÚRA

52 - Kitchen

```
F N X D T Y I Z H J F W J A K C
O I C H R O X V Á G G K E I T O
G A N R J E Š Ť G S V A D L S Z
M R A Z N I Č K A U T U L I R G
V I D L I Č K Y I B J E O O N B
R A J K R S R R W H W Ž R N T E
E K N Y L K O S Ú R B O O A G U
C T U H C B S H H R G N Á B Ž D
E C I Ž Y L J U G B A O A J K U
P J V F O W Y B L L R J S S A M
T O S A H O Y K Č I L A P J N A
K O R E N I E A K S I M R L V O
V E C Á C H L A D N I Č K A I T
K U L X H O L A E G B W X E C N
A P H L I O A J H C G I B T A T
L Y E F T O P E V X G N D G F E
```

ZÁSTERA
MISKA
PALIČKY
POHÁR
JEDLO
VIDLIČKY
MRAZNIČKA
GRIL
JAR
DŽBÁN

KANVICA
NOŽE
OBRÚSOK
RÚRA
RECEPT
CHLADNIČKA
KORENIE
HUBKA
LYŽICE
JESŤ

53 - Government

```
N D X D P T Y F V B I X V N D Š
I X B X Y A V X J O X V L E E T
R I C U A I M J S O D A F Z M Á
Ť M G I J S Ť Ä P B N C T Á O T
S D O V D U S P T H M D A V K D
O I H B A K O Z Y N D Ú S I R C
V B V L X S N M H K Í N T S A X
I B Č U U I V I Y S E K I L C F
L P E I R D O R Á N E C J O I B
D O R Z A J R A C V N S L S A S
O K U T Y N A V L L A P A Ť P L
V O Z H Z O S A L H Ú S E N K O
A J Y F A K I T I L O P M E V B
R N U V D Á N S V C I J J E L O
P Ý S Y W Z P Ú L O B M Y S C D
S U O B Č I A N S K Y P M V O A
```

OBČIANSTVO
OBČIANSKY
ÚSTAVA
DEMOKRACIA
DISKUSIA
NESÚHLAS
ROVNOSŤ
NEZÁVISLOSŤ
SÚDNY
SPRAVODLIVOSŤ

ZÁKON
VODCA
SLOBODA
PAMÄTNÍK
NÁROD
POKOJNÝ
POLITIKA
REČ
ŠTÁT
SYMBOL

54 - Art Supplies

```
L K Z T G L Z M S P K T U W A L
U I W Á A R Ť S O V I R O V T E
H U D R K B R P K R I S N S R P
L K M A Č I U P N V S Y N C A I
I E Z P I T C Ľ G Á O T E O M D
E F C A L L Y R K A P D E L E L
S Y K O O Y B E O A O A A C N O
T K V T T L R I N N J V D K T D
O Z K O S E A P G I O K B Y J P
J U L F E R F A J L K H L K M M
A R G U M A Y P C H L P Y L E U
N E X G J V N W H H W T J E L O
C C R P R K U A R P H X H T P A
M Y H J E A N Y L R H Y A S W K
R Y F H U E A Z R O X T K A K S
H B B C Y H P A K T B T N P K H
```

AKRYL
KEFY
FOTOAPARÁT
STOLIČKA
UHLIE
HLINA
FARBY
PASTELKY
TVORIVOSŤ
STOJAN

GUMA
LEPIDLO
NÁPADY
ATRAMENT
OLEJ
PAPIER
CERUZKY
TABUĽKA
VODA
AKVARELY

55 - Science Fiction

```
I U T D Y S T O P I A W M Y Ň U
Y T T E Y N R Á N I G A M I E H
E Y K Ó C V B M R L E T P E H S
J M J N P H A Y Y Ú H É J C O Z
E D J N I I N T I Z W N Ý H R F
Z L C W Y H A O N I K A K E A U
M A C V A C Y B L A T L C M C T
U P M R S U Y O S Ó E P I I L U
G Y N L V B T R B D G A T K E R
N P D F K Ý C H G J J I S Á E I
U W U T E V S P V T X X A L D S
A B R O K H Ý N M O J A T I J T
E X T R É M N Y O L V L N E W I
F Y X C P E G C P M V A A A Y C
A T Ó M O V Á P R R E G F S M K
T X Z D K S D E Y K R L M M J Ý
```

ATÓMOVÁ
KNIHY
CHEMIKÁLIE
KINO
DYSTOPIA
VÝBUCH
EXTRÉMNY
FANTASTICKÝ
OHEŇ
FUTURISTICKÝ

GALAXIA
ILÚZIA
IMAGINÁRNY
TAJOMNÝ
ORACLE
PLANÉTA
ROBOTY
TECHNOLÓGIA
UTÓPIA
SVET

56 - Geometry

```
Ľ I P P Y J E R T R B K T W S G
O O A O O J C X H F S X D J Y L
H H G A V D U L U R A J B D M J
U K T I A R I A S T N E M G E S
P R R C K V C E K P W G Y C T T
E I O Á Š A O H L S I I N Z R I
O V J L Ý I L O C S K S L S I L
X K U U V R E M E I R P Á H A W
K A H K R Ó G E Ť S O N T O M H
O W O L H E E R C E C I N V O R
Y S L A I T M E D I Á N O E R E
K B N K H L U H A Z S H Z P M M
X S Í T D A P G P S P F I N I Z
R C K Z V F Ý N L E L A R A P O
X T G F K R U H Č Í S L O X B R
U C G P J V D B U Z Z N H G U K
```

UHOL
KALKULÁCIA
KRUH
KRIVKA
PRIEMER
ROZMER
ROVNICE
VÝŠKA
HORIZONTÁLNY
ĽOGIKA

HMOTNOSŤ
MEDIÁN
ČÍSLO
PARALELNÝ
PODIEL
SEGMENT
POVRCH
SYMETRIA
TEÓRIA
TROJUHOLNÍK

57 - Creativity

```
G C I N E B O X N V I K Ý A X N
F Z B J E A M Z B Y N C K V C P
I Z R U Č N O S Ť N T D C G W F
Y N N Á T N O P S A E R E J S C
E P T U S P R Ť O L N A L C K X
M S W U T K X S L I Z M E J O D
Ó L K S Í B P O U E I A M U Z Y
C N J K U C R N N Z T T U I Á L
I Y G H S N I S Y A A I E I R G
E I Z Í V V M A L V D C C L B E
V N Á P A D Y J P Ý P K M O O M
M Ý P R A V O S Ť M A Ý B K P P
K R R P R E D S T A V I V O S Ť
H O M A I C Á R I P Š N I O H O
I J P X Z V I T A L I T A X N T
F L W G Y B F F G Y M J B G Y X
```

UMELECKÝ
PRAVOSŤ
JASNOSŤ
DRAMATICKÝ
EMÓCIE
VÝRAZ
PLYNULOSŤ
NÁPADY
OBRÁZOK
PREDSTAVIVOSŤ

DOJEM
INŠPIRÁCIA
INTENZITA
INTUÍCIA
VYNALIEZAVÝ
POCIT
ZRUČNOSŤ
SPONTÁNNY
VÍZIE
VITALITA

58 - Airplanes

```
T V N M N N B F A D N N D H M Z
S Y Ý B B Y P M G U Y B I I A I
D L P Š A D N C C I S B Z S X M
J O B B K X A F D S B W A T E L
Z V B L A A K D Á S O P J Ó O W
Z I Y R V O D Í K V H H N R N K
B L I P O I W Y D Z R W W I V R
D A D I H D X L H F M T L A T N
X P N L V S R E M S L N U T N M
B U R O T O M U B A L Ó N L L I
H G R T F K A G Ž W M U A Z E Z
C E S T U J Ú C I S N E B A V O
U T I A R É F S O M T A M F J S
D L V D C N W A A R H V Y G R T
Z K O N Š T R U K C I A O D X U
V R H N N J H E I T Á T S I R P
```

DOBRODRUŽSTVO PALIVO
VZDUCH VÝŠKA
ATMOSFÉRA HISTÓRIA
BALÓN VODÍK
KONŠTRUKCIA PRISTÁTIE
POSÁDKA CESTUJÚCI
ZOSTUP PILOT
DIZAJN VRTULE
SMER NEBA
MOTOR

59 - Ocean

```
B T D Z Y D K H H U B K A S B N
Ú D E U K R E V E T Y V N O D P
R G L C K R Y B Y S A I R Ľ L R
K U A J R C R A S K W Z L H L L
A V L Y P M O R S K É R I A S Y
V V O L A R O K E O X X D K S P
E X V L R Z Í O T V O Y E Č P U
Ľ D H O X R D L Ú A H R L A T S
R F D C R X K A I N U T F N Ú T
Y V R H C G L R M V C E Í T H R
B C L K G K V Ž Y O T L N Y O I
A H I P T P H S T V C P B R R C
C H O B O T N I C A T M C O Z E
A X B H G C S G T G Y C T K Z G
U M O M E D Ú Z A Z X R F A J D
X V I X G W G L T E V C J C K F
```

RIASY
KORALOV
KRAB
DELFÍN
ÚHOR
RYBY
MEDÚZA
CHOBOTNICA
USTRICE
ÚTES

SOĽ
MORSKÉ RIASY
ŽRALOK
KREVETY
HUBKA
BÚRKA
PRÍLIV
TUNIAK
KORYTNAČKA
VEĽRYBA

60 - Force and Gravity

```
C I J S J Y N L Á Z R E V I N U
B E L K S C R I J H P T Z T M U
H I N A I Z N A P X E L D N E A
E N S T M Y Z K P D G A I D C L
V E I I R S U I G A V K A R H S
N R A B K U R Z R U Y A L D A C
X T J R T M M Y O S A Č E O N F
Ť O F O J Z P F U D P T N B I Y
S F Ť C L I D O F P E X O J K P
O H O S V T B H H K F U S A A C
L W P B O E E W X Y X U Ť V G G
H O Ť S O N T O M H B B G N Z Y
C Y H G B G B G E K U K P Z J M
Ý K C I M A N Y D L H X W E P S
R W V Y C M U O H L P F Z D N G
V P L Y V V L A S T N O S T I N
```

OS
CENTRUM
OBJAV
VZDIALENOSŤ
DYNAMICKÝ
EXPANZIA
TRENIE
VPLYV
MAGNETIZMUS
MECHANIKA
HYBNOSŤ
POHYB
ORBITA
FYZIKA
TLAK
VLASTNOSTI
RÝCHLOSŤ
ČAS
UNIVERZÁLNY
HMOTNOSŤ

61 - Birds

```
V Á P P P X Z P K L I K I S N B
O V P E A Z C E J A V M C J W A
L R B L P F G S O R N K C A T K
A A R I A B O C I A N Á K U R A
V B G K G T S B P A A S R C T I
K E M Á Á K V E M X K R E I P N
A C M N J C M F V S U H F C K E
Y W F R O X H Z H O T E V L Z M
A G R R C S L E H R R G S I T A
X E O X O N F P O T U O L M U L
S R R Y G Y N R G Š Y G L A Č P
L A B U Ť S V X R P T T M F N N
D P S Z Y U R B K D S V V C I O
K K U F R S A K U K U Č K A A J
K A Č I C A N U S L P Z U S K D
A F J G R Y A H O L U B I C A F
```

KANÁRIK
KURA
VRANA
KUKUČKA
HOLUBICA
KAČICA
OROL
VAJEC
PLAMENIAK
HUS
VOLAVKA
PŠTROS
PAPAGÁJ
PÁV
PELIKÁN
TUČNIAK
VRABEC
BOCIAN
LABUŤ
TUKAN

62 - Art

```
G U I Ý C M S S Z V D Z C N Y P
F H R N J K U O Ý L K K E K N R
E P X M Š X M C H O O E S X L E
I Y R I T P Z H C B Z Ž T N Á D
Y Z A R B O I A U M Á N E É U M
I I R P G C L R D Y R C E N Z E
V U Y Ú U A A N O S B K V X I T
W Ý Y M Z F E U N V O J I E V E
H V R Z V B R E D O A D A L Á N
L E I A W J R V E P I N C P P H
Z W L U Z K U B J S Z W Ý M R N
I N U V P M S I A Z É K N O F X
V Y K R E S L I Ť W O H B K O Y
K E R A M I C K Ý R P N O A W H
I W I V Y T V O R I Ť K S U A E
T N Y H E K O R T Ý N D O V Ô P
```

KERAMICKÝ
KOMPLEXNÉ
ZLOŽENIE
VYTVORIŤ
VÝRAZ
OBRÁZOK
ÚPRIMNÝ
INŠPIROVANÝ
NÁLADA
PÔVODNÝ

OBRAZY
OSOBNÝ
POÉZIA
VYKRESLIŤ
SOCHA
JEDNODUCHÝ
PREDMET
SURREALIZMUS
SYMBOL
VIZUÁLNY

63 - Nutrition

```
O E Y C Z T H M O T N O S Ť S V
M O Y J V D R C M E I R Ó L A K
Á L A Ž X D R Á R R D C U N C N
Č E U I Z K K A V D I É T A H A
K J Ý V A R D Z V E L Y A H A C
A W S Í N A O I K I N N W D R I
T R Y N Í X O T G B E I M S I X
I C T E K U T I N Y O V E R D E
L H H E X H W D Ý K R O H J Y I
A L X U S W K S V X Y K Y V Á N
V A U Z Ť X E Z P J É L D E J E
K R N F M U V G M F R E N W P S
N C N V P B M J D J E I G W K A
T T I F V A L V B O C B I J I V
V I T A M Í N V Y V Á Ž E N Ý K
G S F N V H R P V R X O N W B M
```

CHUŤ
VYVÁŽENÝ
HORKÝ
KALÓRIE
SACHARIDY
DIÉTA
TRÁVENIE
JEDLÉ
KVASENIE
NÁVYKY

ZDRAVIE
ZDRAVÝ
TEKUTINY
ŽIVÍN
BIELKOVINY
KVALITA
OMÁČKA
TOXÍN
VITAMÍN
HMOTNOSŤ

64 - Hiking

K	Z	Y	T	D	D	H	S	Ú	T	E	S	V	J	C	W
L	P	V	V	N	J	M	Y	Y	K	R	A	P	R	Y	O
Í	R	T	I	M	M	U	S	M	K	Á	H	M	M	C	I
M	Í	F	F	E	C	S	V	A	U	M	A	E	P	R	H
A	P	V	E	N	R	V	D	P	N	O	V	K	A	Z	X
T	R	E	J	E	G	A	P	A	A	K	O	J	P	Y	S
H	A	S	T	M	E	B	T	S	V	A	P	X	K	F	L
T	V	B	N	A	R	S	L	Á	E	R	Y	B	G	M	E
A	A	F	U	K	P	Z	E	F	N	L	D	P	D	J	W
S	Ť	P	O	Č	A	S	I	E	Ý	K	O	V	I	D	O
U	A	O	R	I	E	N	T	Á	C	I	A	C	J	H	B
C	Ž	M	C	F	K	T	D	F	C	U	X	M	L	G	O
R	K	V	U	J	Z	D	P	L	Z	K	Č	I	Ž	M	Y
F	Ý	E	O	S	L	N	K	O	R	I	R	Y	I	U	E
H	Z	S	A	D	G	S	E	T	I	X	W	R	T	L	O
I	U	W	H	S	A	X	M	O	B	R	I	X	O	D	C

ZVIERATÁ
ČIŽMY
KEMP
ÚTES
KLÍMA
ŤAŽKÝ
MAPA
KOMÁRE
VRCH
POVAHA

ORIENTÁCIA
PARKY
PRÍPRAVA
KAMENE
SUMMIT
SLNKO
UNAVENÝ
VODA
POČASIE
DIVOKÝ

65 - Professions #1

```
K A R T O G R A F F K L H T K M
Z V O Á Z L W C F L L C E V O L
A E T H K O B D Z S E M C K T A
T Ľ I A L N W Z Z O N A M J Á Y
F V D L A S A L K B O M U L B R
E Y E Z P Y R B P F T L F N A P
I S J J D W Z F K Í N B O D U H
A L O B B J J Z G E Í V P X H E
S A A R T S E S Ó H K W G S D H
T N D K R É T A L A T Š N I A J
R E V P S Y C H O L Ó G Y F W C
O C O T S A P R E N É R T B T V
N B K X P I H F G T F S Z B T K
Ó J Á D P S H O T A N E Č N Í K
M A T S I R I V A L K N J R N B
D K R A J Č Í R N Á M O R N Í K
```

VEĽVYSLANEC
ASTRONÓM
ADVOKÁT
BANKÁR
KARTOGRAF
TRÉNER
TANEČNÍK
LEKÁR
EDITOR
GEOLÓG

LOVEC
KLENOTNÍK
HUDOBNÍK
SESTRA
KLAVIRISTA
INŠTALATÉR
PSYCHOLÓG
NÁMORNÍK
KRAJČÍR

66 - Barbecues

```
R L V N N P O D L L J L B G G Z
V E U I O P H P K K J G G F K E
G T N T D Ž K Z G L J H O F K L
S O T E A L E N M T V G T P H E
M O W D L M I S D D R A U G G N
L K Ľ S H K C Č J E D L O H M I
D X W D M J Ú D K O M Á Č K A N
B F B D Y R X T Y V G R I L A
E G X J I X O S N T L G K O X U
P X N U A K H C P Á G I K V C B
P A R A D A J K Y L G S P O H E
W R T R J X E M F A H R Y C E J
J E G U R R V J J Š B H W I X S
U Č X K P R I A T E L I A E P R
G E D P T I W U U H E C X R D J
X V K H U D B A N I D O R A Z A
```

KURA
DETI
VEČERA
RODINA
JEDLO
VIDLIČKY
PRIATELIA
OVOCIE
HRY
GRIL

HORÚCI
HLAD
NOŽE
HUDBA
ŠALÁTY
SOĽ
OMÁČKA
LETO
PARADAJKY
ZELENINA

67 - Chocolate

```
Y R Z D I P K A M Ó R A P H F O
J G L E H O F R C G Ý L W O U B
U F O U L E M A R A K U M R E Ľ
E E Ž U M X T Š U S D H Z K F Ú
V G K K Z I R I Y W A W C Ý F B
F L A D L A N D H W L Ť U H C E
G Z U Y T N U Y N W S C K B G N
L T C T K T P E C E R V R P C Ý
J O U Y M I J P A A U N O J F N
C U K O R O U U M X G R V K O D
K O D C D X V Y Y R A E Í O S O
B A F G O I E X O T I C K Ý S H
C Z K S L D K V A L I T A Z K A
L D N A V A H K O K O S O V Ý L
J E S Ť O N K A L Ó R I E M C M
M O A Z A T R E M E S E L N É M
```

ANTIOXIDANT
ARÓMA
REMESELNÉ
HORKÝ
KAKAO
KALÓRIE
CUKROVÍ
KARAMEL
KOKOSOVÝ
LAHODNÝ
EXOTICKÝ
OBĽÚBENÝ
ZLOŽKA
ARAŠIDY
KVALITA
RECEPT
CUKOR
SLADKÝ
CHUŤ
JESŤ

68 - Vegetables

```
M E I A V B C T Z B H O E E H
K A K V O K Ď E R R D R V V D
L K X K G P U K Z O D C A Z B N
F C C R H A N V E K U J K C A F
D Z E M P F Z I L O W V T G H P
Š A L Á T E O C E L F X O Y G A
W Ľ Z V K N T A R I V X L R C R
U U T Y G Á Y R H C K V A Y F A
H B V L K Ž X D Ž A G N Š E P D
O I M G O A Z F H L V D C X Y A
R C U I Č L R K L J E C A M K J
K P P N I K O F J T Á N E P Š K
A W A M T A V M I Y V K O H L A
F R I H R B Z V J O K V A K A X
K I Z H A F Á C H K L B L A V G
Č E S N A K Z X I E O Z C A R E
```

ARTIČOK
BROKOLICA
MRKVA
KARFIOL
ZELER
UHORKA
BAKLAŽÁN
CESNAK
ZÁZVOR
HUBA

CIBUĽA
PETRŽLEN
HRACH
TEKVICA
REĎKOVKA
ŠALÁT
ŠALOTKA
ŠPENÁT
PARADAJKA
KVAKA

69 - The Media

```
V E R E J N O S Ť Z D Y B D H N
L O B R F B F L E S Y M E I R P
J L Y P B Ť X X M S Y E L G Y N
P F V Z D E L Á V A N I E I G E
Y N O O O I D Á R F L N I T O R
O J O S E S D G U O Á A N Á N E
T E L E V Í Z I A T U V A L L U
B K Ý T D R T M M O T O D N I I
Y G Y N I V O N P G K C Y Y N B
S R N W Č Y R K Y R E N V T E G
I R T I P R D C C A L A D K B T
P O S T O J E S R F E N E A I T
O Z E G V W G M J I T I S F Y D
S Á I P J O E I O E N F Y C O V
A N M F B A G E C K I J Z X I U
Č K O M U N I K Á C I A W O G J
```

POSTOJE
KOMERČNÝ
KOMUNIKÁCIA
DIGITÁLNY
VYDANIE
VZDELÁVANIE
FAKTY
FINANCOVANIE
PRIEMYSEL
INTELEKTUÁLNY
MIESTNY
ČASOPISY
SIEŤ
NOVINY
ONLINE
NÁZOR
FOTOGRAFIE
VEREJNOSŤ
RÁDIO
TELEVÍZIA

70 - Boats

```
H I X N T V C K Í N R O M Á N F
A X H B R A X D A K E I R D K Y
M E D R A L A C J J M O T O R D
T O B S J O C E Á N A M H R C O
P R R B E O N A K T K K F E O X
E H A E K P O S Á D K A D Z W N
A G A F T K O T V A P Z O A I Á
W N W U T I M C O L R S X J D M
S T O Ž I A R S P I S T N R P O
J A C H T A B P L F M Y H Z A R
S X R K G I M Z L E S Y Y K H N
U U J M X B Z D E B L R W A Y Ý
B Ó J A Z Y J O T O O R F A K C
W W N Z G V Z K R A Y U S G Y H
H L M D O L A N O T Z G C I E C
C Y S V P L A C H E T N I C A Z
```

KOTVA
BÓJA
KANOE
POSÁDKA
DOK
MOTOR
TRAJEKT
KAJAK
JAZERO
LIFEBOAT

STOŽIAR
NÁMORNÝCH
OCEÁN
RAFT
RIEKA
LANO
PLACHETNICA
NÁMORNÍK
MORE
JACHTA

71 - Driving

```
B E Z P E Č N O S Ť V R U Y G M
X Y I Z T O A S Y T N Y L P A O
A Y L V O D O P R A V A I P R T
V L I G T V G Z C V S I C D Á O
H D T C U P B T Y U T C A B Ž C
K V F Z A A G R D Y B Í U L V Y
A U T O É L F Y Z O U L E S O K
M A P A N I X D D D H O E N D E
L Y D T D V V J Ť Z Y P N W I L
J U X I A O C E S T A S I Y Č E
R W F R L S D Š O E M E Y W E N
A Y J I K J R E L O K R X T S U
J Y U B Á O B P H N V E B B D T
L I C E N C I A C G P O R E P Y
G H T H T W D S Ý Z I J E A Y D
N E H O D A Y B R O T O M X V K
```

NEHODA	MOTOCYKEL
BRZDY	PEŠEJ
AUTO	POLÍCIA
VODIČ	CESTA
PALIVO	BEZPEČNOSŤ
GARÁŽ	RÝCHLOSŤ
PLYN	ULICA
LICENCIA	DOPRAVA
MAPA	NÁKLADNÉ AUTO
MOTOR	TUNEL

72 - Biology

```
J I U N D A S E J Z P S A E P F
A D W K D N Z Y M H S W Z H R O
I H M J P A B P M B R B Ó S I T
S A I C Á T U M Ó B R C M K R O
P J J T W Ó N E Z X I Y S I O S
A E S T X M K T O S V Ó O A D Y
N E R V W I A E M M K N Z I Z N
Y Ó I Y A A L Y O W Z T Z A E T
S S R Z K S P L R P W X J Z N É
T I Y U D K S E H P L A Z X Ý Z
P O R X E T S U C V Ý V O J M A
N B H X P N K O L A G É N E D T
C I C A V E C P M P W P W N Z M
P R O T E Í N P A A Y I I Z H E
H O R M Ó N A U U S B J D Ý Z W
B A K T É R I E C S E L P M F L
```

ANATÓMIA
BAKTÉRIE
BUNKA
CHROMOZÓM
KOLAGÉN
EMBRYO
ENZÝM
VÝVOJ
HORMÓN
CICAVEC

MUTÁCIA
PRIRODZENÝ
NERV
NEURÓN
OSMÓZA
FOTOSYNTÉZA
PROTEÍN
PLAZ
SYMBIÓZA
SYNAPSIA

73 - Professions #2

```
T Z K Í N D A R H Á Z O B Z B F
O J A C Z E L Á N Y V P I F W A
L T J T J T C I L B P K O I C R
I E L N X E A T N Y Y Ľ L L F M
P Z K O M K W W F G B E Ó O H Á
R O T Á R T S U L I V T G Z Z R
F T O M R Í W O P N H I G O U Á
P W I X Á V A D F C Z Č S F T N
K M Y G B S D S K D C U J T U I
M V G R U K N I H O V N Í K A V
M A Ó U Z F D D F O E T X V N O
R U L R H U Y Z O P B E W N O N
X C O I B G X Y J X B B F M R Y
T E O H A P O P Y A B N F T T G
A K Z C L R E I N I Ž N I O S L
F O T O G R A F G V V K X E A S
```

ASTRONAUT
BIOLÓG
ZUBÁR
DETEKTÍV
INŽINIER
FARMÁR
ZÁHRADNÍK
ILUSTRÁTOR
VYNÁLEZCA
NOVINÁR
KNIHOVNÍK
LINGVISTA
MALIAR
FILOZOF
FOTOGRAF
LEKÁR
PILOT
CHIRURG
UČITEĽ
ZOOLÓG

74 - Emotions

```
V R C S N E B I Ť S O D A R I S
R X W K E C C W T P T Z F X F P
S U Ť S O N E Ž A L B R E I M O
T Y L M P X U A V Ý N Č A Ď V K
W K X P X O D D L Á S K A C H O
R E L I É F K X A I T L H N H J
U I O B S A H O F T G Á E S M N
V N J M U A R S J U Z S N C R Ý
O E I T A P M Y S N A K B Z K N
Ľ P U O W P I I M E Ý A B M U E
N A R H L F I Z F P P V E N H Š
E V B W S I M J L E U O B R O D
N K O T Ú M S M F H W S G S G A
Ý E P O K O J S W V H Ť C B I N
C R R F C H C P A B U X W I E B
N P L W X Z O J D F S Y W S R W
```

HNEV
BLAŽENOSŤ
NUDA
POKOJNÝ
OBSAH
NADŠENÝ
STRACH
VĎAČNÝ
RADOSŤ
LÁSKAVOSŤ

LÁSKA
MIER
UVOĽNENÝ
RELIÉF
SMÚTOK
SPOKOJNÝ
PREKVAPENIE
SYMPATIE
NEHA
POKOJ

75 - Mythology

```
E E I Y N Z F H Z P W A S H L L
K I K E F L L E B K V D H O T G
V N T R O B C G F Í T B N V D I
T A A D N E G E L N M Ť L P O L
K V F Ž I A R L I V O S Ť E U P
U Á O L V N O G O O R O G I S K
L R R A N E B O J H N B N S K
T P T W L B G P N O D Ľ E E M J
Ú S S H Y N Y N N B X E H Č R T
R Y A P D S M R H L X T R D T V
A C T E W R C L I U D R D E E O
R T A P O M S T A N G M I V Ľ R
I C K B O Ž S T V Á T S N S N B
T X A R C H E T Y P S E A E Ý A
I F Y E V Y A D M Z C N U R S X
P R Í Š E R A V C S N X Z P R Z
```

ARCHETYP
SPRÁVANIE
PRESVEDČENIE
TVORBA
TVOR
KULTÚRA
BOŽSTVÁ
KATASTROFA
NEBO
HRDINA

NESMRTEĽNOSŤ
ŽIARLIVOSŤ
LABYRINT
LEGENDA
BLESK
PRÍŠERA
SMRTEĽNÝ
POMSTA
HROM
BOJOVNÍK

76 - Agronomy

```
I H X E I N E T S I Č E N Z V E
D K S E M E N Á H Y B O R O H C
E K V P E A C T O Y S J V H F J
N O I R N Ť A V O D U T Š S C R
T B D O E T I V O D A A É I T A
I H I S R P G F B K G W K M P S
F Z E T G J Ó N V Ý R O B A Y T
I E C R I D L N U K U V Y N J L
K R K E A O O R F C S I B I I I
Á Ó Y D P W K V P I J J D N W N
C Z K I J Y E E V N U O Y E R Y
I I P E U E R D Y A O N R L C G
A A J U N I D A A G Z H N E H P
H B C D F M E L V R K L P Z Y M
T W Y L C D C B O O E Y V Z K Y
G M T I X Y E X E R A S T I V L
```

CHOROBY
EKOLÓGIA
ENERGIA
PROSTREDIE
ERÓZIA
HNOJIVO
JEDLO
RAST
IDENTIFIKÁCIA
ORGANICKÝ

RASTLINY
ZNEČISTENIE
VÝROBA
VIDIECKY
VEDA
SEMENÁ
ŠTUDOVAŤ
SYSTÉMY
ZELENINA
VODA

77 - Hair Types

```
F W S O K Z R Ý V A R E Č U K S
A E B U W M G T W L Y T N M R T
R W I K C M E G X J R J T I Á I
E P F T K H C R Ý B U R H H T T
B K V F R R Ý L K S E L K X K V
N P H Z O P Y F K H U F W J Y L
É K U Č E R Y A Ä R F D Y M L N
F N K S X R W Z M V W J L R E I
D X E G Z I C Z O R D C L Š I T
K L Z T P C Y Č I E R N Y E B Ý
M S H P E F P N T Ý V A R D Z T
I U A Ý P L H N E D Ý D A Á H A
Y N M K T X P N S B L O N D A Š
F K V N K V R K Ô Č I K Y Y A E
D X E E N T K A F C Y I F T H L
M O A T A X N X A X M A T L G P
```

PLEŠATÝ
ČIERNY
BLOND
PLETENÉ
VRKÔČIKY
HNEDÝ
FAREBNÉ
KUČERY
KUČERAVÝ
SUCHÝ

ŠEDÁ
ZDRAVÝ
DLHÝ
LESKLÝ
KRÁTKY
MÄKKÝ
HRUBÝ
TENKÝ
VLNITÝ
BIELY

78 - Garden

```
L J B R Y B N Í K E Y U E J Z F
H Y M M H H G A R Á Ž O G E M D
J P R K U A T R A M P O L Í N A
R U W W P D O T S K R Ť F J U S
D M K R X I L V A J Č E W H O B
S T R O M C P A R D I I I U N U
Z U C O O A J O E H N S V J F R
T H D U E C E L T C I A U A Z I
T R R C L G B O P K V I H D L N
W R Á A Z N A P B V D C E A X Y
V H F V B U D A W E H A B R A T
K F V Á N L T T T L T V D B H Y
M V U R K I E A K L O J T Á A B
L P W T Y M K G B V W O X Z C F
J Y V E R A N D A S O H J R G P
L J C K W P F C K E R H A V C P
```

LAVIČKA
KER
PLOT
KVET
GARÁŽ
ZÁHRADA
TRÁVA
HOJDACIA SIEŤ
HADICA
TRÁVNIK

SAD
RYBNÍK
VERANDA
HRABLE
LOPATA
TERASA
TRAMPOLÍNA
STROM
VINIČ
BURINY

79 - Diplomacy

```
S Z W Z V E R Z K N R L K F R F
I P P L A Y S N T K I L F N O K
N L R M Z Y L P X Y E K O O Z V
T D H A R A D Á L V Š T K B H R
E P I K V B H A U A E L V Č O S
G L J I C O P R W E N K W I D C
R U A T S B D A A Z I S A N B
I Y P E U F L L K N E H W N U O
T Z M L U V A R I X I D M S T I
A I S U K S I D T V J Č G K I O
M G S N G S L B I Z O F N Y E B
H J A C Á R P U L O P S K Ý D Č
H G Z H J F P A O B L J Ť P F A
F E Ť S O N Č E P Z E B E E D N
Y E P T H U M A N I T Á R N Y I
P O R A D C A T I N U M O K B A
```

PORADCA
OBČANIA
OBČIANSKY
KOMUNITA
KONFLIKT
SPOLUPRÁCA
DISKUSIA
ETIKA
ZAHRANIČNÝ

VLÁDA
HUMANITÁRNY
INTEGRITA
SPRAVODLIVOSŤ
POLITIKA
ROZHODNUTIE
BEZPEČNOSŤ
RIEŠENIE
ZMLUVA

80 - Countries #1

```
K P M S W K P C C G R I E V B S
A O K S L E I N A P Š L B I R Z
N Ľ D R G F E M K S P A G E A Z
A S E K M M T T J N E G R T Z M
D K P T F T U T P Y G E F N Í F
A O J O U I J A Z E W N I A L G
V M H S J N T L N P E E O M I H
L E A R Z I G I F Í N S K O A Y
L Í N O A A C A I L I D O A T P
M C B E U X E N A Y N T R L R G
J B K Y Z L E S W J S Y A E P I
W P H Z A U O K S R Ó N M V A L
E K B I K U E O K C E M E N N R
O K S Š Y T O L F R P Y J G A Z
B T O Y P A U G A R A K I N M U
K O U T K R U M U N S K O V A X
```

BRAZÍLIA
KANADA
EGYPT
FÍNSKO
NEMECKO
IRAK
IZRAEL
TALIANSKO
LOTYŠSKO
LÍBYA
MAROKO
NIKARAGUA
NÓRSKO
PANAMA
POĽSKO
RUMUNSKO
SENEGAL
ŠPANIELSKO
VENEZUELA
VIETNAM

81 - Adjectives #1

```
Y A U V Á Ž N Y J X I E H X X A
K Z A Ž T Z D G P G Z F Ý G R M
G E V H I K H M O D E R N Ý S B
B B Ý Y W T U N T B Y F N K V I
G A L H Y I O M W O J Y E Ž A C
Š Ť A S T N Ý Č E E Z R C A B I
G A M R B Y V E N L T B P Ť S Ó
R I O W U A A Í Š Ý E V K L O Z
A E P K A L M P T J T C Ý M L N
T P X O J S T W E K W J K H Ú Y
O Ú P R I M N Ý D K A K C Ý T A
T Y M O X Y P G R L F R I V N R
O X A S I C W T Ý K N E T O Y Y
Ž K R Á S N Y S M G Y T O A C K
N D Ô L E Ž I T Ý N I W X Z L W
Ý K C I T A M O R A N F E W O L
```

ABSOLÚTNY
AMBICIÓZNY
AROMATICKÝ
UMELECKÝ
ATRAKTÍVNY
KRÁSNY
TMAVÝ
EXOTICKÝ
ŠTEDRÝ
ŠŤASTNÝ

ŤAŽKÝ
UŽITOČNÝ
ÚPRIMNÝ
TOTOŽNÝ
DÔLEŽITÝ
MODERNÝ
VÁŽNY
POMALÝ
TENKÝ
CENNÝ

82 - Rainforest

```
R W V T H F G T U A P A Ý Z E T
N Ô R C G I J H J Y O T K K B N
X S Z E C V A C I C V I C L X H
D V A N Š Z D A G V A N I Í U O
S Ž R U O P S M U P H U N M H B
B N U P H R E I Z D A M A A F O
D B Y N O K O K S I Č O T Ú D J
I Y I T G Y W D T M C K O D D Ž
D R U H I L C N O O L Y B R O I
D E I T I Ž E R P S V K D U M V
Z A C H O V A N I E Ť A E Y O E
K X Y D C E N N Ý M S L Ť H R L
E X U H S E U T N O J B U M O N
Z M P L V T Á K Y O P O M Y D Í
K W M A O B N O V A O I U Z Ý K
P Y W J C U D R R N C J B J Z Y
```

OBOJŽIVELNÍKY
VTÁKY
BOTANICKÝ
KLÍMA
OBLAKY
KOMUNITA
RÔZNORODOSŤ
DOMORODÝ
HMYZ
DŽUNGLE

CICAVCE
MACH
POVAHA
ZACHOVANIE
ÚTOČISKO
REŠPEKTOVAŤ
OBNOVA
DRUH
PREŽITIE
CENNÝ

83 - Global Warming

V	T	F	O	N	D	T	W	J	X	K	U	L	F	P	V
K	R	Í	Z	A	B	C	U	W	H	L	A	E	L	S	T
D	Y	E	Y	B	Ť	E	N	W	V	Í	Z	G	A	Z	U
H	C	J	X	T	S	L	E	S	Y	M	E	I	R	P	E
B	K	Y	N	D	O	W	M	A	F	A	L	S	P	M	F
U	C	L	C	I	N	Ý	K	C	I	G	O	L	O	K	E
D	P	L	Y	N	R	S	Y	J	V	T	K	A	P	V	T
Ú	E	G	B	I	O	T	O	P	L	E	D	T	U	E	E
C	V	N	U	X	Z	K	S	X	Á	P	G	Í	L	D	R
N	Ú	Ý	E	U	O	J	P	S	D	L	Z	V	Á	E	A
O	D	X	V	R	P	E	X	X	A	O	H	A	C	C	Z
S	A	J	E	O	G	P	K	R	V	T	D	D	I	E	X
Ť	J	E	U	Y	J	I	X	W	U	Y	B	T	E	L	B
G	E	V	N	R	V	I	A	A	R	K	T	I	C	K	Ý
S	O	M	E	D	Z	I	N	Á	R	O	D	N	Ý	S	Y
G	E	N	E	R	Á	C	I	E	K	Y	O	T	D	B	F

ARKTICKÝ
POZORNOSŤ
KLÍMA
KRÍZA
ÚDAJE
VÝVOJ
ENERGIA
EKOLOGICKÝ
BUDÚCNOSŤ
PLYN

GENERÁCIE
VLÁDA
BIOTOP
PRIEMYSEL
MEDZINÁRODNÝ
LEGISLATÍVA
TERAZ
POPULÁCIE
VEDEC
TEPLOTY

84 - Landscapes

```
N O C P I N W A A Z O Ú G V N M
Z A Z Á O Ú X K Z N S T E T R C
K R V I E L D P O F T E J W B B
F D Ž S M D O O T U R S Z J X I
L N Á E C O D S L C O P Í V J S
N U L R M W R C T I V Ú R X N M
G T P D X Y U E P R E Š N J I H
J A Z E R O I P C A O Ť C B G B
T Ň R I E K A O G W H V V Z H F
F Y A A T X G K Ľ A D O V E C F
G K I N C R X A U X Á I C G R E
A S Č O T S L H C T P H Y I V O
B A O M N N Z L J O O X K D W W
N J M Y E O H T L O D T E V L Z
X J T T K A I L D Z O P Z M B Z
U M E R C K R O M R V W N V W S
```

PLÁŽ
JASKYŇA
ÚTES
PÚŠŤ
GEJZÍR
KOPEC
ĽADOVEC
OSTROV
JAZERO
VRCH

OÁZA
OCEÁN
POLOSTROV
RIEKA
MORE
MOČIAR
TUNDRA
ÚDOLIE
SOPKA
VODOPÁD

85 - Plants

```
I  B  K  L  V  J  H  N  O  J  I  V  O  S  E  L
N  A  Z  Í  K  L  Y  L  U  D  B  G  B  T  U  K
J  M  M  S  V  E  G  E  T  Á  C  I  A  O  I  O
X  B  M  T  E  B  Z  Á  H  R  A  D  A  N  S  T
F  U  P  I  Z  U  X  D  C  G  Ľ  Z  H  K  E  R
L  S  G  E  T  W  K  B  A  C  U  S  K  A  T  Á
Ó  S  T  R  O  M  O  L  M  B  Z  K  C  O  V  V
R  A  T  S  L  E  R  S  L  O  A  G  V  A  N  A
A  E  G  A  T  V  E  B  Z  G  F  N  X  E  A  H
K  Z  R  K  K  E  Ň  D  F  X  T  F  H  O  T  N
I  Z  R  R  E  J  R  H  Y  E  S  W  N  U  Č  H
N  S  Z  Y  R  F  D  Z  L  S  X  H  O  X  E  K
A  L  Í  S  T  O  K  T  B  O  B  U  L  E  R  M
T  C  V  I  D  O  J  H  S  M  U  R  E  Y  B  Z
O  C  Z  P  L  Y  V  K  A  B  S  W  Z  G  D  H
B  M  G  K  K  A  K  T  U  S  E  M  D  Y  W  R
```

BAMBUS
FAZUĽA
BOBULE
BOTANIKA
KER
KAKTUS
HNOJIVO
FLÓRA
KVET
LÍSTIE

LES
ZÁHRADA
TRÁVA
BREČTAN
MACH
LÍSTOK
KOREŇ
STONKA
STROM
VEGETÁCIA

86 - Boxing

```
Z R K M T V V E J K X Y M W O M
B A Y U A W A V O Í J V T V B O
U G J J F P W A I N E N A R Z B
W P D Z I X O E V V B Z T Ú R N
W O C U N Y A L L O P Z O T U O
R R Ý C H L Y A J J K W H I Č V
E O P Ä Š Ť D N N O Z T S J N E
P R Z P B N O Á U B O A N P O N
Ú L U H C E B X C Y O W F M S I
S K T K O L E T L W M G F X Ť E
C I O P A D A R B N K X S B E S
J G D P L V C M T W A I P B K E
G Z L B I I I A L Z A M E R A Ť
K L W Z S F I C L Z K F B R L U
E E Y Ý N A P R E Č Y V O R R D
K M B J T N W W B P H I J V D N
```

BELL
TELO
BRADA
RÚT
LAKEŤ
VYČERPANÝ
BOJOVNÍK
PÄSŤ
ZAMERAŤ
RUKAVICE

ZRANENIA
KOP
SÚPER
BODY
RÝCHLY
OBNOVENIE
ROZHODCA
LANÁ
ZRUČNOSŤ
SILA

87 - Countries #2

```
G H C S N C D S S T L R R I D J
L I B É R I A J O K C É R G Á R
J L I B A N O N K M T W W O N U
P A S Ý R I A T S N Á D U S S G
A I M N E P Á L N W U L V B K A
K R Z A T D R Y O L Z C S B O N
I É Y I J F H Z P J K Y Z K P D
S G S P M K O O A P R J Z L O A
T I K Ó L E A K J T X G G Y R N
A N I I W J X X W H J T P X Z I
N D K T U B D I O H V C T L S J
X V O E M M P T K O B W D K T A
K B G A K T P I S O A L F N F R
I H I H V Z P A U M L N X G I K
K J D L C R Z H R W X B Z V I U
F M T N K Y N O A L B Á N S K O
```

ALBÁNSKO
DÁNSKO
ETIÓPIA
GRÉCKO
HAITI
JAMAJKA
JAPONSKO
LAOS
LIBANON
LIBÉRIA

MEXIKO
NEPÁL
NIGÉRIA
PAKISTAN
RUSKO
SOMÁLSKO
SUDÁN
SÝRIA
UGANDA
UKRAJINA

88 - Ecology

```
P N F R W P Y G D S S G D U R Z
V O P W G O R A I Č O M R B A K
F P V I J U K I Y Ť E J U H S L
S A E A R Ó L F R S U P H N T Í
B N U Z H I J L O Ô G V V X L M
Z Y N N F A M F H D D A Z Y I A
E S K A A D S M Z O S Z S T N F
U Y Ý N Ľ E T A Ž R D U E I Y R
F G L O B Á L N Y O J E H N V X
M S C K W H N O M N O R A U Ý Y
M O R S K Ý J U C Z B K B M S F
V E G E T Á C I A Ô K P I O U Y
Z D R O J E U S M R D D T K C F
D O B R O V O Ľ N Í C I A A H A
H E H H X O Y D X E D H T I O I
P R E Ž I T I E B J V N W N D Z
```

KLÍMA
KOMUNITY
RÔZNORODOSŤ
SUCHO
FAUNA
FLÓRA
GLOBÁLNY
HABITAT
MORSKÝ
MOČIAR

HORY
PRIRODZENÝ
POVAHA
RASTLINY
ZDROJE
DRUH
PREŽITIE
UDRŽATEĽNÝ
VEGETÁCIA
DOBROVOĽNÍCI

89 - Adjectives #2

```
Z I F K N V A S M R N A Z O K P
A H Z C M J Ý U B S E U O C I R
U L P N E H K B K H U T D E S O
J A I C I Z O R L X W E P V P D
Í D N R C G V R N K T N O C S U
M N M I F M I H Ú I B T V O J K
A Ý I K C E D T S C G I E N Z T
V H J G L L J B C X I C D T H Í
Ý N A L S E U S K L D K N S H V
N H X S S G E A Z Ý D Ý Ý P O N
L X C T U A B K B Z D R A V Ý Y
I F A U Y N V Í T A E R K C N N
S V B Z S T T T R R E R H U A V
X H V L Ý N S I P O P R J E D Á
U X T P S Ý L A P S O K S Z A L
N O V Ý N E Z D O R I R P V N S
```

AUTENTICKÝ
KREATÍVNY
POPISNÝ
SUCHÝ
ELEGANTNÝ
SLÁVNY
NADANÝ
ZDRAVÝ
HORÚCI
HLADNÝ

ZAUJÍMAVÝ
PRIRODZENÝ
NOVÝ
PRODUKTÍVNY
HRDÝ
ZODPOVEDNÝ
SLANÝ
OSPALÝ
SILNÝ
DIVOKÝ

90 - Psychology

```
N S Y Y T R J E M P N H R K U M
N O P X D E L I T U R O E O P M
K L P N Y E R N O C H D A N U Y
H E C N Y I T A D W T N L F S Š
Y I V N Y N S M P R W O I L H L
D N P S W A N Í B I O T T I G I
D E T S T V O N D E A E A K T E
P I I J Z O U V H P O N I T Y N
O N I C U N T W Ý K C I N I L K
C A T W Ó E H Y U P Y E R W O Y
I V G A L M P O D V E D O M I E
T Á R V Z Y E I N A N Z O P S G
X R V D Y V C H L D P R R X P L
V P P R O B L É M W V Á R E G O
Ť S O N B O S O Z W L U N J A A
N E V E D O M Ý E A G R R R H L
```

VYMENOVANIE
HODNOTENIE
SPRÁVANIE
DETSTVO
KLINICKÝ
POZNANIE
KONFLIKT
SNY
EGO
EMÓCIE

NÁPADY
VNÍMANIE
OSOBNOSŤ
PROBLÉM
REALITA
POCIT
PODVEDOMIE
TERAPIA
MYŠLIENKY
NEVEDOMÝ

91 - Math

```
P L K G L D S Z X S M Z K F E J
O Ý G E E D M Z W S G L W H X F
L N T E A O K S C F D O B V P D
O L D D W M X Ú Y T M R H O F
M E É V J B M E D Č C O C T N P
E L N N X O L F T H E K Z Y E D
R A N E A X K N R R K T A H N B
P R I E M E R O O N I S E R T K
C A T Z J E S N V N N A L S Í Č
K P A T Í G Z N N B Ž I Z H K F
O N S L K V P O I A Ĺ R C J E S
Z V E L R M I W C F D T L V H Y
V C D Y D C M D E S B E T Z I A
A R I T M E T I K A O M E W N U
R O V N O B E Ž N Í K Y L H U S
N Á M E S T I E F L L S D R F G
```

UHLY
ARITMETIKA
OBVOD
DESATINNÉ
PRIEMER
DIVÍZIA
ROVNICE
EXPONENT
ZLOMOK
GEOMETRIA
ČÍSLA
PARALELNÝ
ROVNOBEŽNÍK
POLOMER
OBDĹŽNIK
NÁMESTIE
SÚČET
SYMETRIA

92 - Activities

```
D G Š M O V A W X K Z T P P J F
G B T I V A V C M E R U O S Z I
J W G Y T K E N K M U R T G Y R
V B O X C I Ú Z R P Č I E G K W
O M K R Í P E Z F G N S Š Z J D
Ľ M H B N B V P L L O T E G F D
N R R W D D A R L O S I N U I U
Ý Y E T A P U V U E Ť K I N Z R
Č B L P R F Y Z Y S T A E W F A
A O A R H X R M X U W E Z N J V
S L X X Á T E I N E M U N L O V
B O Á X Z L M P C L V G K I X T
E V C W M M E I N A T Í Č D E A
G E I R V Ť S O N N I Č W F I N
I J A U F Z L K E R A M I K A E
P O B X L U Á H R Y M J U Á Z C
```

ČINNOSŤ
UMENIE
KEMP
KERAMIKA
REMESLÁ
TANEC
RYBOLOV
HRY
ZÁHRADNÍCTVO
TURISTIKA
LOV
ZÁUJMY
PLETENIE
VOĽNÝ ČAS
KÚZLO
POTEŠENIE
ČÍTANIE
RELAXÁCIA
ŠITIE
ZRUČNOSŤ

93 - Business

```
B T G X L X K W S M E J Í R P E
X R É Ž A N A M D O H C B O N Z
Ú R A D S D R V Y C F E C Z W A
Z A I N J W I H A F L K B P W M
A V C L E U É F J Ľ H O K O L E
M O Í S E M R Y I L Z N O Č B S
E T T D O J A D E R P O G E S T
S M S P E N I A Z E B M G T P N
T K E B V W L L C K I G J O A
N X V D I R W K W S S K P Y L N
Á D N V I Y C Á N U X A M D O E
V O I L M Y L N L U U L L K Č C
A D A N E I T O V Á R E Ň Y N P
T M M A U V D X U W I S Y Y O O
E C R H B F I N A N C I E G S K
Ľ Z Y C C G Y K A Z G A D O Ť Z
```

ROZPOČET
KARIÉRA
SPOLOČNOSŤ
NÁKLADY
MENA
ZĽAVA
EKONOMIKA
ZAMESTNANEC
ZAMESTNÁVATEĽ
TOVÁREŇ

FINANCIE
PRÍJEM
INVESTÍCIA
MANAŽÉR
TOVAR
PENIAZE
ÚRAD
PREDAJ
OBCHOD
DANE

94 - The Company

```
G M J J R K K V T C S T V P P C
L N D C H O G V G A A L M R O M
K N V F C R Z Y A I F Y Z I D O
P R O D U K T H O L S R P E N Ž
Z W P D E O G D O F I G H M I N
A I N X C P Y H Z D W T P Y K O
M N A I C Í T S E V N I A S A S
E O S G Y D N E R T H U N E N Ť
S V D E M D X X O V N U T L I R
T A P E J O R D Z X A K H I E V
N T O S Í R I Z I K Á K C H E A
A Í V P R O F E S I O N Á L N Y
N V E P P K R E A T Í V N Y A B
I N S P R E Z E N T Á C I A X I
E Y Ť J E D N O T K Y I A K B L
G L O B Á L N Y X E Z E M O I M
```

PODNIKANIE
KREATÍVNY
ROZHODNUTIE
ZAMESTNANIE
GLOBÁLNY
PRIEMYSEL
INOVATÍVNY
INVESTÍCIA
MOŽNOSŤ
PREZENTÁCIA

PRODUKT
PROFESIONÁLNY
POKROK
KVALITA
POVESŤ
ZDROJE
PRÍJMY
RIZIKÁ
TRENDY
JEDNOTKY

95 - Literature

```
B E L E T R I A T O D K E N A V
I P Ý I B D G G É W W N N O I U
J X T N Y S Y C M S O W C H G V
I Y Š A U G Ó L A I D B V B Ó R
G Y L N H V X Z Z P J W W M L C
R Ý Y V B V M N A O P W L M A S
R K H O B K O R R P L D K Y N A
Ž C Č R S R R Z V L J H S W A E
T I A O S K P O Á T W K P B E I
R T V P U X S K M V Y M M S Y D
A E Á O M H R Ý M Á E V F D K W
G O R E T C X T W C N R O T U A
É P P P Y O A N A L Ý Z A P M G
D S Z A R O P M E T A F O R A E
I G O N U K Z I M L K B O R M P
A X R C R A Ň E S Á B L O C D Z
```

ANALÓGIA
ANALÝZA
ANEKDOTA
AUTOR
ŽIVOTOPIS
POROVNANIE
ZÁVER
POPIS
DIALÓG
BELETRIA

METAFORA
ROZPRÁVAČ
ROMÁN
BÁSEŇ
POETICKÝ
RÝM
RYTMUS
ŠTÝL
TÉMA
TRAGÉDIA

96 - Geography

```
M G L V J A I N N O W Y A X Z O
G B J O P P H R Á J E G K Y J G
D M O R E E N J E I M E Z Ú R M
G Y U T K X F O C V Ý Š K A M L
P R B S S E U U O F E P P K A Z
O Y Z O V E X A N W E S M E P B
L J O R G G M T Z I H U Y I A S
U U L F T E M T N Ó I G E R V Z
D H C R V A D X V E L Y C S D R
N R O V N Í K Y C U N X H M W O
Í T Z C D S A R É F S I M E H N
K Z Á P A D S D K M H A T L A S
M A H G L P V F K R A J I N A Y
V C G R A B E P R M N R T K O K
E K I X K V T V F F M M F G R K
H H O C O S H C K O P G T J J Z
```

ATLAS
MESTO
KONTINENT
KRAJINA
VÝŠKA
ROVNÍK
HEMISFÉRA
OSTROV
MAPA
POLUDNÍK

VRCH
SEVER
OCEÁN
REGIÓN
RIEKA
MORE
JUH
ÚZEMIE
ZÁPAD
SVET

97 - Jazz

```
Y P K O N C E R T B R V T F I S
N T T I T D I N N L J T E S J K
V O F K V K T Y E K U W C T W L
Á C V D G B C Z L K K L H N R A
L I X Ý C B O Z A R Ô D N N G D
S W B R N D R R T T E H I Y Y A
S O J A L O O I C W I T K C Z T
A F T T Y P B P E H N D A V M E
D L U S C O Ľ I L S E I C I B Ľ
Z Ý B H G T Ú E E T Ž S P U L A
M T S U P L B S M E O U T I W B
O Š A W M E E E U X L M P E I T
I F E T L S N Ň F T Z T T V R Z
K A J T E K É R S P V Y V E R L
V T B S Y F U J K S M R H I E F
H U D B A I C Á Z I V O R P M I
```

ALBUM
POTLESK
UMELEC
SKLADATEĽ
ZLOŽENIE
KONCERT
BICIE
DÔRAZ
SLÁVNY
OBĽÚBENÉ

IMPROVIZÁCIA
HUDBA
NOVÝ
STARÝ
ORCHESTER
RYTMUS
PIESEŇ
ŠTÝL
TALENT
TECHNIKA

98 - Nature

```
D W B S N T L B C G P W B S C G
C R I E K A Ň Y T Ä V S H D R F
Ý K C I M A N Y D S O Á O K P K
N F E T E A U W M L W T R W J K
J P V S O B L A K Y L A A F U Z
O S O Í D D G O Y L S R F F O L
K V D L G H C W U E P E Y A O O
O R A Z S S M K X Č H I T L E S
P T Ľ L G H T L M V R V L Ú A N
Ý K C I P O R T A B L Z W O R F
K G S K I R A L P Ú Š Ť E T K F
O L I G I Y N L Á T I V R U T H
V R T B V Z K F L L E X Ó A I B
I N G K R Á S A K F Y M Z E C K
D K Y S U D T J N A I T I T K H
N V I U M X I C Z W O W A J Ý L
```

ZVIERATÁ
ARKTICKÝ
KRÁSA
VČELY
ÚTESY
OBLAKY
PÚŠŤ
DYNAMICKÝ
ERÓZIA
HMLA
LÍSTIE
LES
ĽADOVEC
HORY
RIEKA
SVÄTYŇA
POKOJNÝ
TROPICKÝ
VITÁLNY
DIVOKÝ

99 - Vacation #2

```
D A M L E T O H X L J P M S W X
P X T E R L D Y E G T F K T Z D
A T K T O C C T J S V S R A C N
H P M I M A P A A C A C C N I X
E S Z S W F V K K X Y U X N V E
N V G K A L V T N M I D P R U L
J P S O B X O R E O E Z X L A N
V Í Z A A S R D L Y M I U K Á V
G V V H O D T P O I I N L J M Ž
N Z V O K G S W V O Ľ E I C I Y
Y W B Y W E O E O N P C O V H N
Z G U E H N M F D H P N U S S I
H Y V V P Z S P O R H H I S O C
C E S T A S A Č Ý N Ľ O V P A S
M D G U S K R J A V A R P E R P
Z A H R A N I Č N Ý J Y G M G M
```

LETISKO
PLÁŽ
KEMP
CIEĽ
ZAHRANIČNÝ
CUDZINEC
DOVOLENKA
HOTEL
OSTROV
CESTA

VOĽNÝ ČAS
MAPA
HORY
PAS
MORE
TAXI
STAN
VLAK
PREPRAVA
VÍZA

100 - Electricity

```
K Á B E L Y L T P J M L R U Y I
P O Z I T Í V N Y R A P L S D F
C B Ž I A R O V K A E H O U R Z
W Z A K V U S Á Z S H D J Y Ô R
D S F T P Z T V W I G L M D T R
M S R Z É F A O W E X A A E Y V
L M Á E N R K R L Ť R M E T X
A N K L F Y I A I P F P U V E M
S O I E G N Z A E A G A M Y N U
E Ž R K P V Y A M D Y A X G V
R S T T W Í D P K C S E P U A H
R T K R O T Á R E N E G N C M D
V V E I N A V O D A L K S I V G
B O L C V G F J K F N Z J F E D
H I E K J E T E L E V Í Z I A W
L B X Ý U N Ó F E L E T P S T L
```

BATÉRIA
ŽIAROVKA
KÁBEL
ELEKTRICKÝ
ELEKTRIKÁR
ZARIADENIE
GENERÁTOR
LAMPA
LASER
MAGNET

NEGATÍVNY
SIEŤ
PREDMET
POZITÍVNY
MNOŽSTVO
ZÁSUVKA
SKLADOVANIE
TELEFÓN
TELEVÍZIA
DRÔTY

1 - Antiques

2 - Food #1

3 - Farm #2

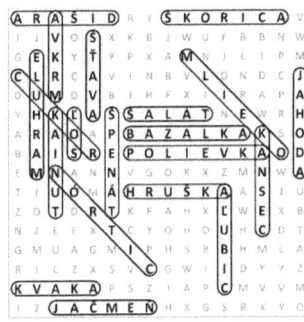

4 - Books

5 - Meditation

6 - Days and Months

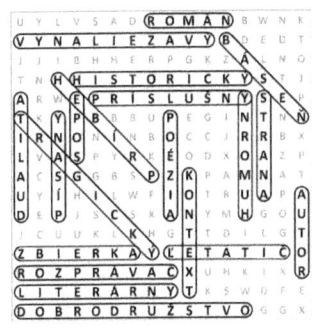
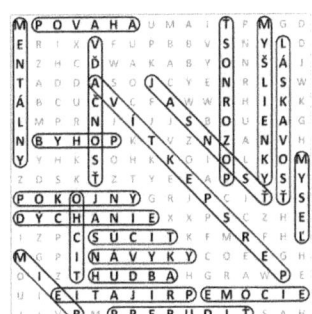
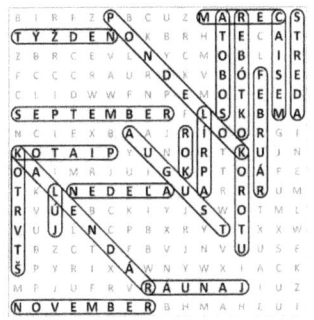

7 - Energy

8 - Archeology

9 - Food #2

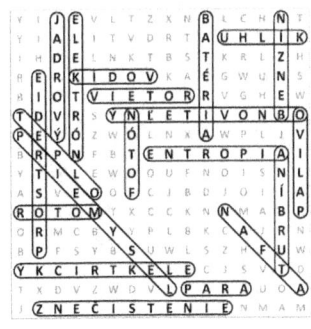
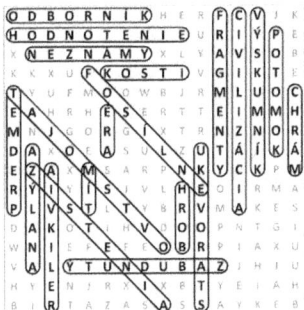
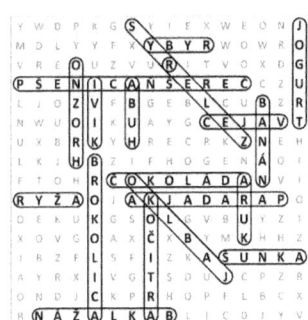

10 - Chemistry

11 - Music

12 - Family

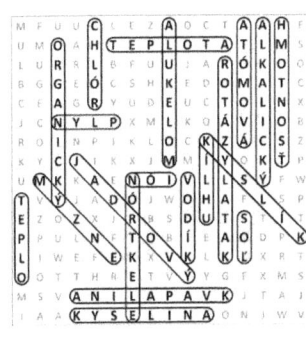
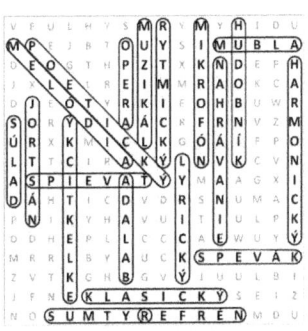
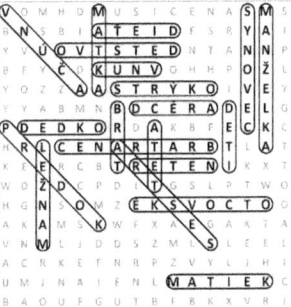

13 - Farm #1

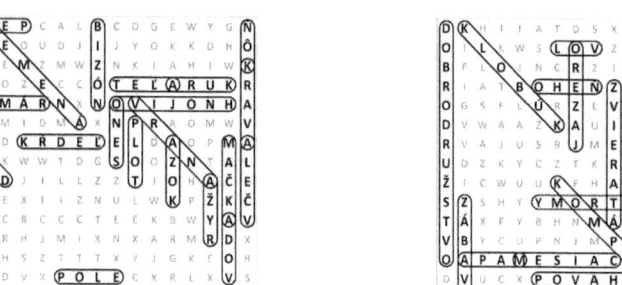

14 - Camping

15 - Algebra

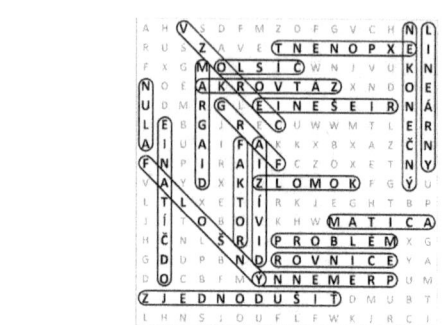

16 - Numbers

17 - Universe

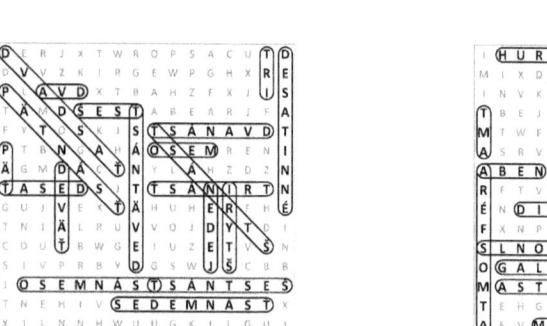

18 - Mammals

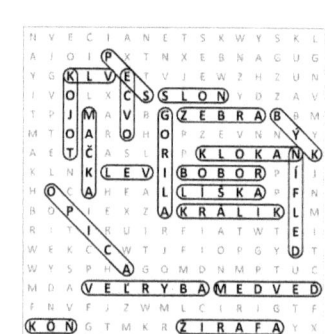

19 - Restaurant #1

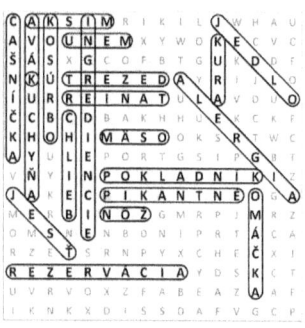

20 - Bees

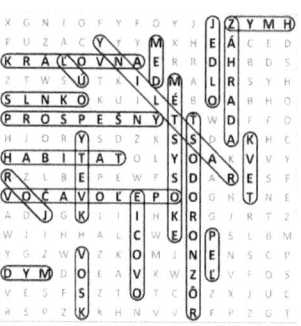

21 - Adventure

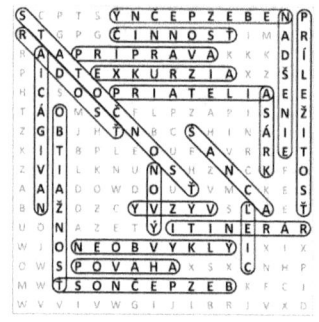

22 - Sport

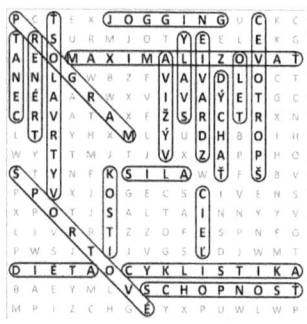

23 - Restaurant #2

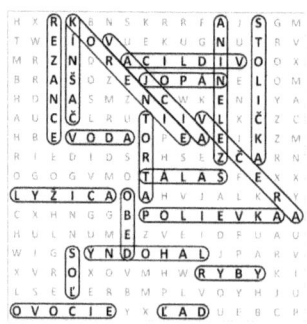

24 - Geology

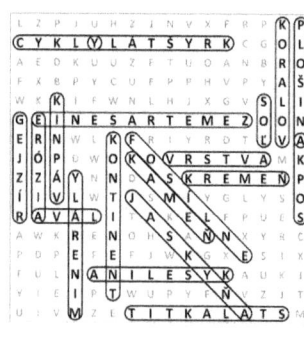

25 - House
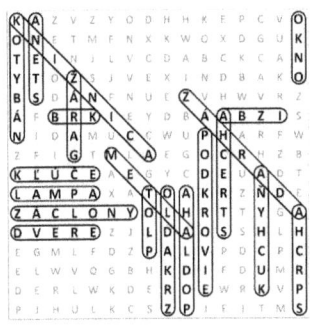

26 - Physics
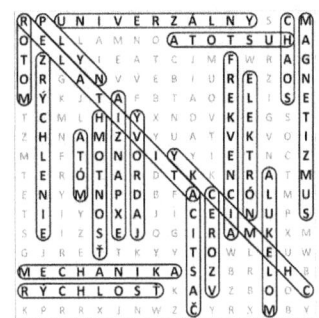

27 - Shapes
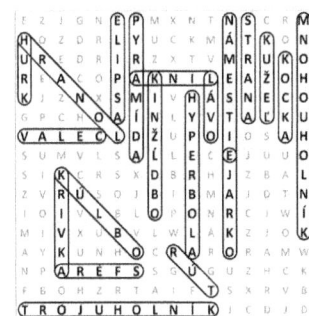

28 - Scientific Disciplines
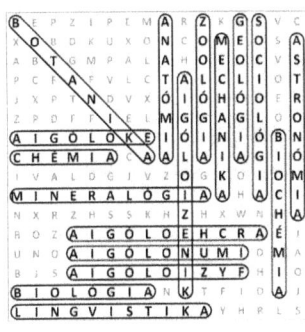

29 - Science
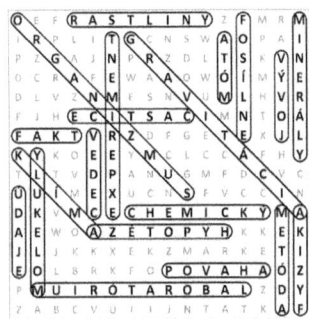

30 - Beauty
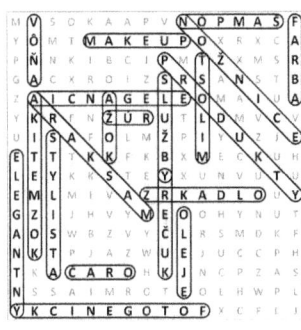

31 - Clothes
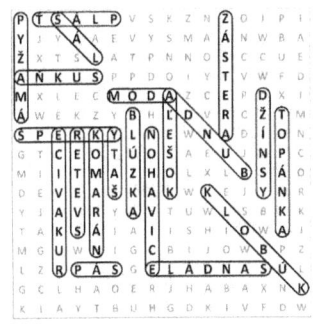

32 - Ethics
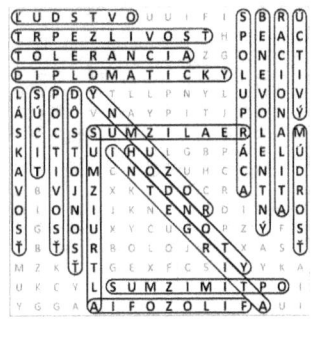

33 - Insects
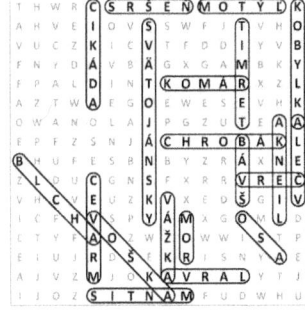

34 - Astronomy
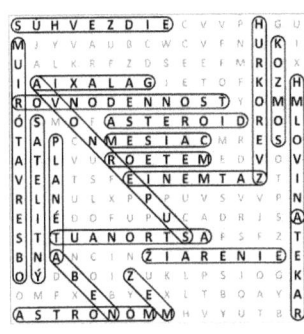

35 - Health and Wellness #2

36 - Disease
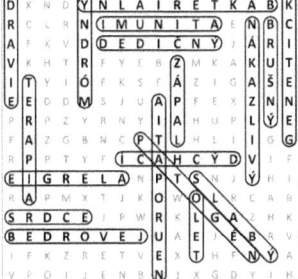

37 - Time

38 - Buildings
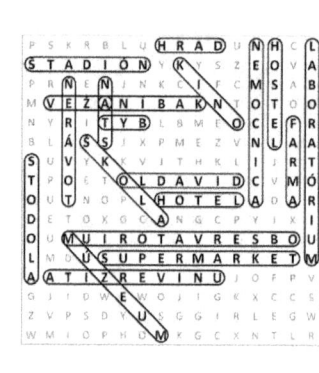

39 - Philanthropy
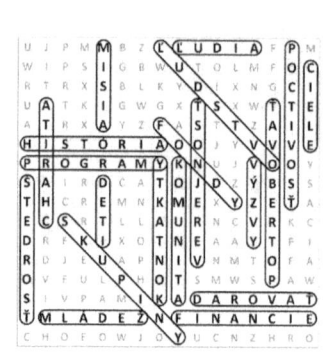

40 - Gardening
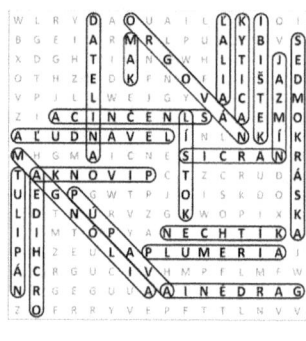

41 - Herbalism
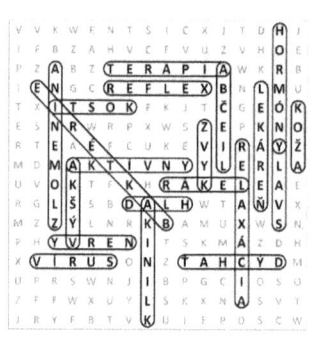

42 - Vehicles
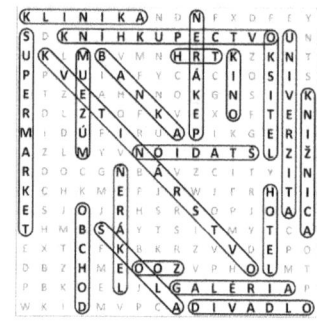

43 - Flowers

44 - Health and Wellness #1

45 - Town
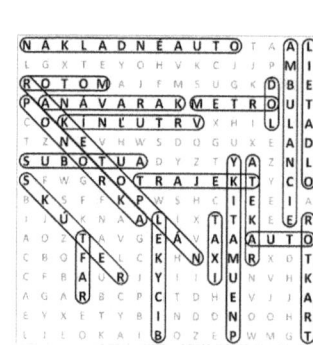

46 - Antarctica
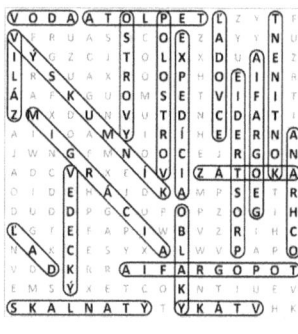

47 - Ballet
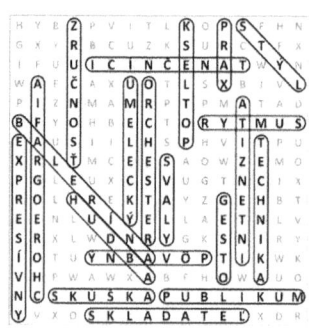

48 - Human Body
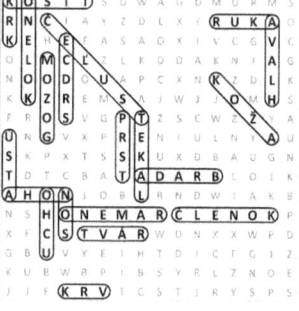

49 - Musical Instruments

50 - Fruit

51 - Engineering

52 - Kitchen

53 - Government

54 - Art Supplies

55 - Science Fiction

56 - Geometry

57 - Creativity

58 - Airplanes

59 - Ocean

60 - Force and Gravity

61 - Birds

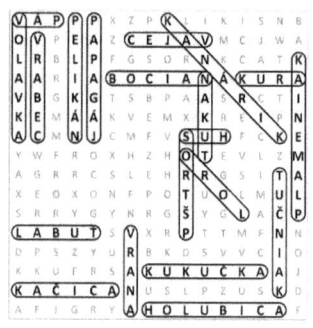

62 - Art

63 - Nutrition

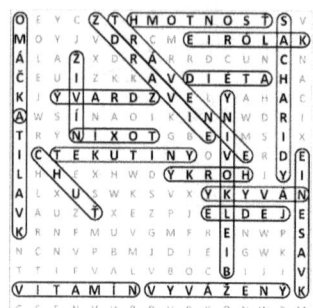

64 - Hiking

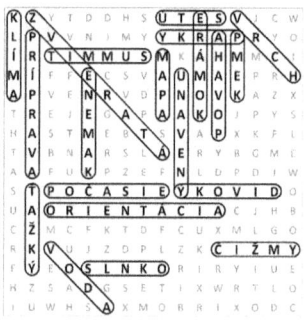

65 - Professions #1

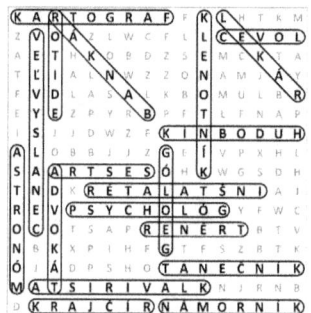

66 - Barbecues

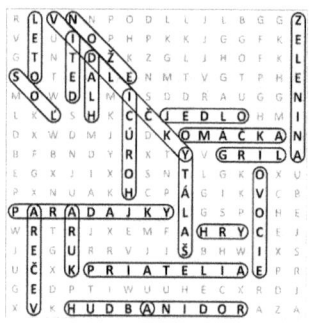

67 - Chocolate

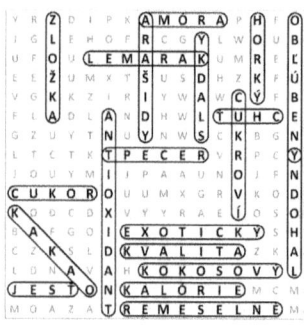

68 - Vegetables

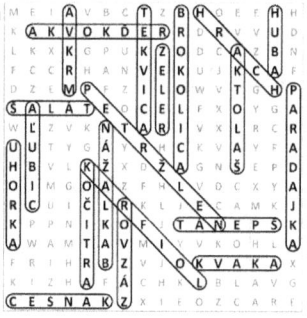

69 - The Media

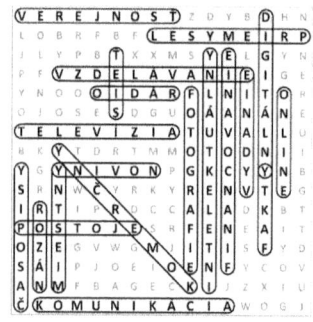

70 - Boats

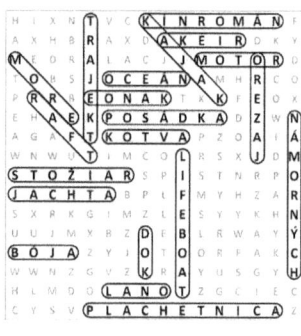

71 - Driving

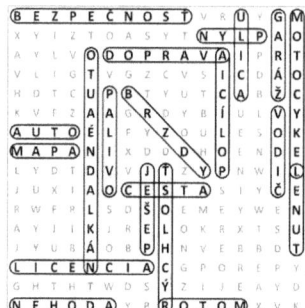

72 - Biology

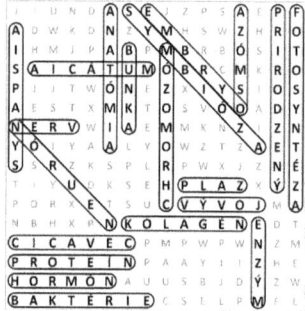

73 - Professions #2

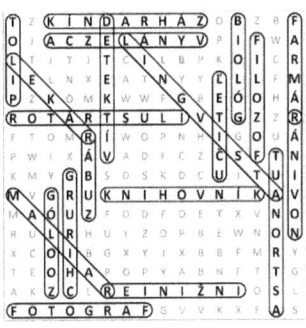

74 - Emotions

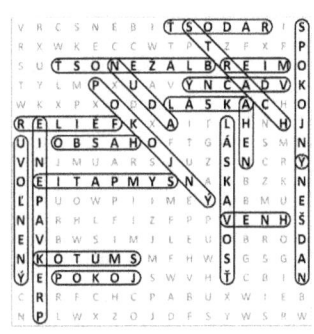

75 - Mythology

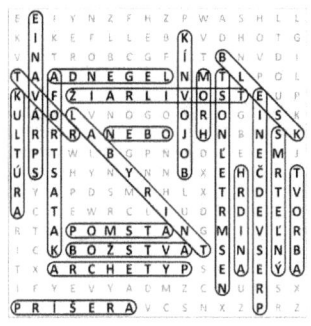

76 - Agronomy

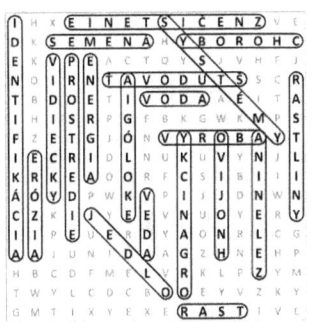

77 - Hair Types

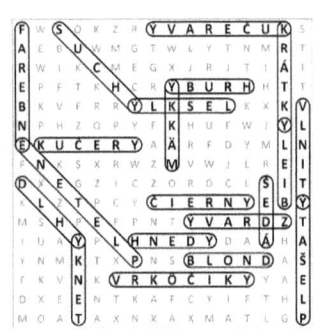

78 - Garden

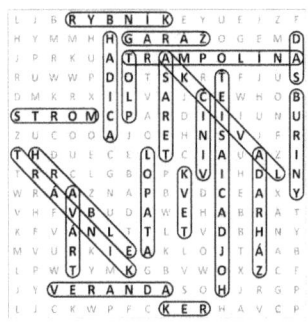

79 - Diplomacy

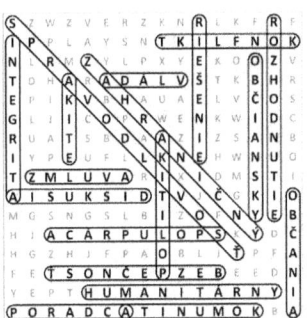

80 - Countries #1

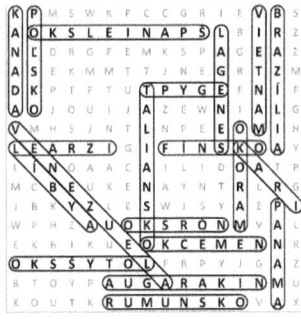

81 - Adjectives #1

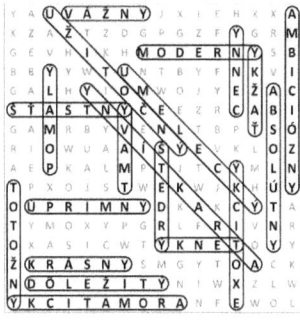

82 - Rainforest

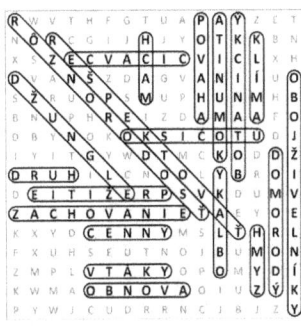

83 - Global Warming

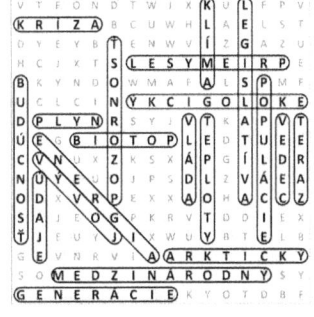

84 - Landscapes

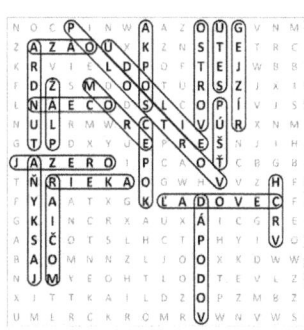

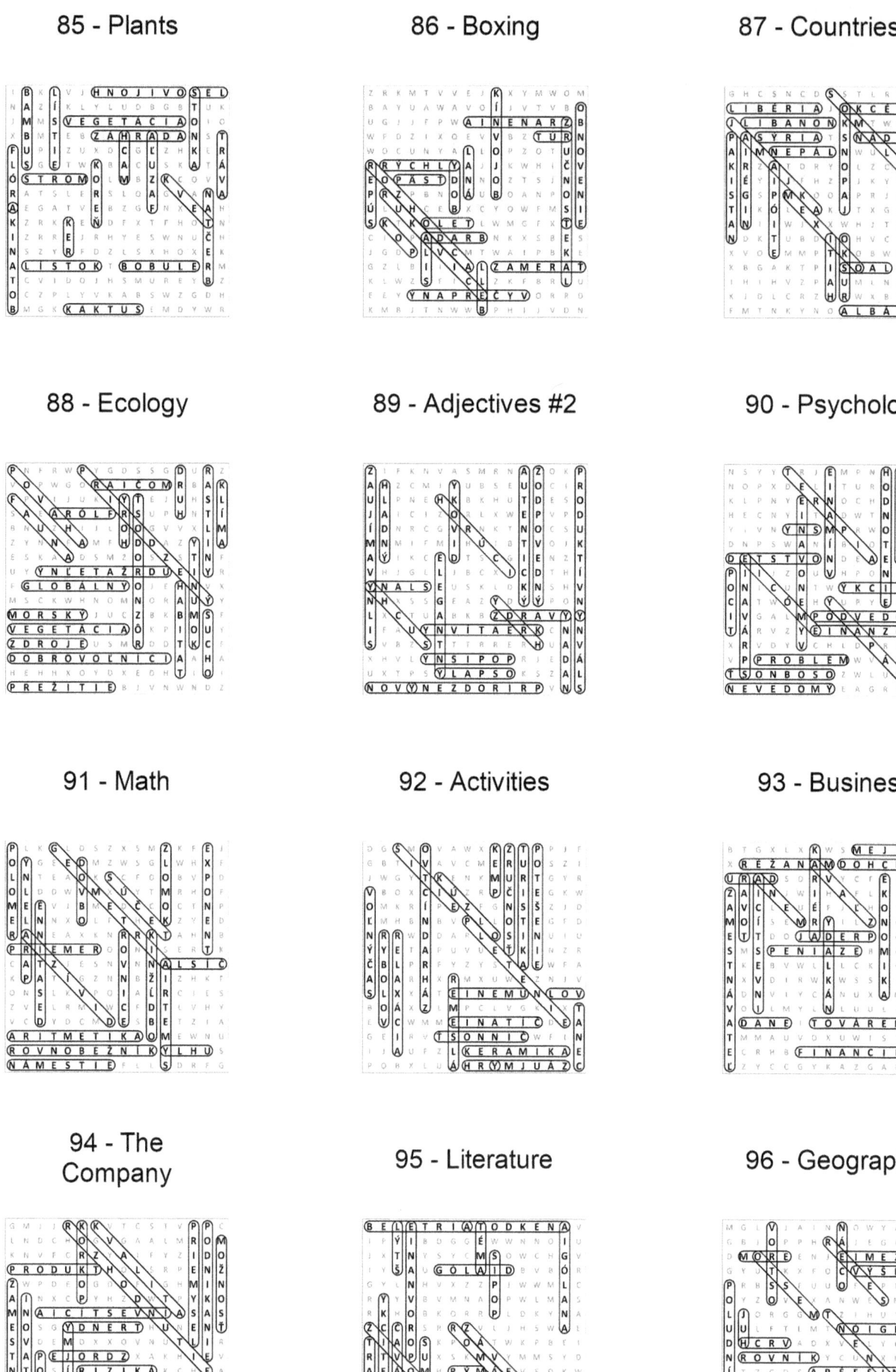

97 - Jazz

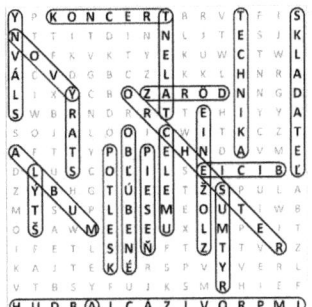

98 - Nature

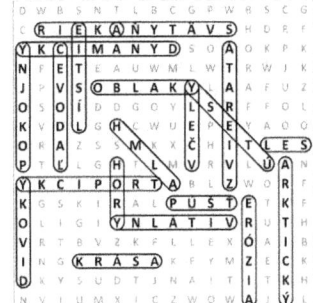

99 - Vacation #2

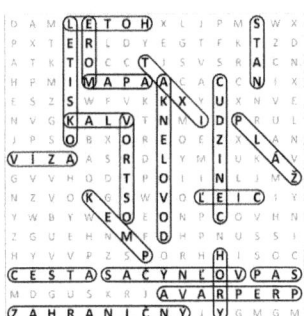

100 - Electricity

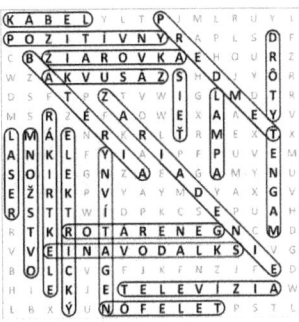

Dictionary

Activities
Činnosti

Activity	Činnosť
Art	Umenie
Camping	Kemp
Ceramics	Keramika
Crafts	Remeslá
Dancing	Tanec
Fishing	Rybolov
Games	Hry
Gardening	Záhradníctvo
Hiking	Turistika
Hunting	Lov
Interests	Záujmy
Knitting	Pletenie
Leisure	Voľný Čas
Magic	Kúzlo
Pleasure	Potešenie
Reading	Čítanie
Relaxation	Relaxácia
Sewing	Šitie
Skill	Zručnosť

Adjectives #1
Prídavné Mená #1

Absolute	Absolútny
Ambitious	Ambiciózny
Aromatic	Aromatický
Artistic	Umelecký
Attractive	Atraktívny
Beautiful	Krásny
Dark	Tmavý
Exotic	Exotický
Generous	Štedrý
Happy	Šťastný
Heavy	Ťažký
Helpful	Užitočný
Honest	Úprimný
Identical	Totožný
Important	Dôležitý
Modern	Moderný
Serious	Vážny
Slow	Pomalý
Thin	Tenký
Valuable	Cenný

Adjectives #2
Prídavné Mená #2

Authentic	Autentický
Creative	Kreatívny
Descriptive	Popisný
Dry	Suchý
Elegant	Elegantný
Famous	Slávny
Gifted	Nadaný
Healthy	Zdravý
Hot	Horúci
Hungry	Hladný
Interesting	Zaujímavý
Natural	Prirodzený
New	Nový
Productive	Produktívny
Proud	Hrdý
Responsible	Zodpovedný
Salty	Slaný
Sleepy	Ospalý
Strong	Silný
Wild	Divoký

Adventure
Dobrodružstvo

Activity	Činnosť
Beauty	Krása
Bravery	Statočnosť
Challenges	Výzvy
Chance	Šanca
Dangerous	Nebezpečný
Destination	Cieľ
Difficulty	Obtiažnosť
Enthusiasm	Nadšenie
Excursion	Exkurzia
Friends	Priatelia
Itinerary	Itinerár
Joy	Radosť
Nature	Povaha
Navigation	Navigácia
New	Nový
Opportunity	Príležitosť
Preparation	Príprava
Safety	Bezpečnosť
Unusual	Neobvyklý

Agronomy
Agronómia

Diseases	Choroby
Ecology	Ekológia
Energy	Energia
Environment	Prostredie
Erosion	Erózia
Fertilizer	Hnojivo
Food	Jedlo
Growth	Rast
Identification	Identifikácia
Organic	Organický
Plants	Rastliny
Pollution	Znečistenie
Production	Výroba
Rural	Vidiecky
Science	Veda
Seeds	Semená
Study	Študovať
Systems	Systémy
Vegetables	Zelenina
Water	Voda

Airplanes
Lietadlá

Adventure	Dobrodružstvo
Air	Vzduch
Atmosphere	Atmosféra
Balloon	Balón
Construction	Konštrukcia
Crew	Posádka
Descent	Zostup
Design	Dizajn
Direction	Smer
Engine	Motor
Fuel	Palivo
Height	Výška
History	História
Hydrogen	Vodík
Landing	Pristátie
Passenger	Cestujúci
Pilot	Pilot
Propellers	Vrtule
Sky	Neba
Turbulence	Turbulencia

Algebra
Algebra

Diagram	Diagram
Division	Divízia
Equation	Rovnice
Exponent	Exponent
Factor	Faktor
False	Falošný
Formula	Vzorec
Fraction	Zlomok
Graph	Graf
Infinite	Nekonečný
Linear	Lineárny
Matrix	Matica
Number	Číslo
Parenthesis	Zátvorka
Problem	Problém
Simplify	Zjednodušiť
Solution	Riešenie
Subtraction	Odčítanie
Variable	Premenný
Zero	Nula

Antarctica
Antarktída

Bay	Záliv
Birds	Vtáky
Clouds	Oblaky
Conservation	Ochrana
Continent	Kontinent
Cove	Zátoka
Environment	Prostredie
Expedition	Expedícia
Geography	Geografia
Glaciers	Ľadovce
Ice	Ľad
Islands	Ostrovy
Migration	Migrácia
Peninsula	Polostrov
Researcher	Výskumník
Rocky	Skalnatý
Scientific	Vedecký
Temperature	Teplota
Topography	Topografia
Water	Voda

Antiques
Starožitnosťami

Art	Umenie
Auction	Aukcia
Authentic	Autentický
Century	Storočie
Coins	Mince
Decades	Desaťročia
Decorative	Dekoratívny
Elegant	Elegantný
Furniture	Nábytok
Gallery	Galéria
Investment	Investícia
Jewelry	Šperky
Old	Starý
Price	Cena
Quality	Kvalita
Restoration	Obnova
Sculpture	Socha
Style	Štýl
Unusual	Neobvyklý
Value	Hodnota

Archeology
Archeológia

Analysis	Analýza
Antiquity	Staroveku
Bones	Kosti
Civilization	Civilizácia
Descendant	Potomok
Era	Éra
Evaluation	Hodnotenie
Expert	Odborník
Findings	Zistenia
Forgotten	Zabudnutý
Fossil	Fosílne
Fragments	Fragmenty
Mystery	Tajomstvo
Objects	Predmet
Relic	Relikvia
Researcher	Výskumník
Team	Tím
Temple	Chrám
Tomb	Hrob
Unknown	Neznámy

Art
Umenie

Ceramic	Keramický
Complex	Komplexné
Composition	Zloženie
Create	Vytvoriť
Expression	Výraz
Figure	Obrázok
Honest	Úprimný
Inspired	Inšpirovaný
Mood	Nálada
Original	Pôvodný
Paintings	Obrazy
Personal	Osobný
Poetry	Poézia
Portray	Vykresliť
Sculpture	Socha
Simple	Jednoduchý
Subject	Predmet
Surrealism	Surrealizmus
Symbol	Symbol
Visual	Vizuálny

Art Supplies
Umelecké Potreby

Acrylic	Akryl
Brushes	Kefy
Camera	Fotoaparát
Chair	Stolička
Charcoal	Uhlie
Clay	Hlina
Colors	Farby
Crayons	Pastelky
Creativity	Tvorivosť
Easel	Stojan
Eraser	Guma
Glue	Lepidlo
Ideas	Nápady
Ink	Atrament
Oil	Olej
Paper	Papier
Pencils	Ceruzky
Table	Tabuľka
Water	Voda
Watercolors	Akvarely

Astronomy
Astronómia

Asteroid	Asteroid
Astronaut	Astronaut
Astronomer	Astronóm
Constellation	Súhvezdie
Cosmos	Kozmos
Earth	Zem
Eclipse	Zatmenie
Equinox	Rovnodennosť
Galaxy	Galaxia
Meteor	Meteor
Moon	Mesiac
Nebula	Hmlovina
Observatory	Observatórium
Planet	Planéta
Radiation	Žiarenie
Rocket	Raketa
Satellite	Satelitný
Sky	Neba
Supernova	Supernova
Zodiac	Zverokruh

Ballet
Baletné

Applause	Potlesk
Artistic	Umelecký
Audience	Publikum
Ballerina	Balerína
Choreography	Choreografia
Composer	Skladateľ
Dancers	Tanečníci
Expressive	Expresívny
Gesture	Gesto
Graceful	Pôvabný
Intensity	Intenzita
Muscles	Svaly
Music	Hudba
Orchestra	Orchester
Practice	Prax
Rehearsal	Skúška
Rhythm	Rytmus
Skill	Zručnosť
Style	Štýl
Technique	Technika

Barbecues
Grilovanie

Chicken	Kura
Children	Deti
Dinner	Večera
Family	Rodina
Food	Jedlo
Forks	Vidličky
Friends	Priatelia
Fruit	Ovocie
Games	Hry
Grill	Gril
Hot	Horúci
Hunger	Hlad
Knives	Nože
Music	Hudba
Salads	Šaláty
Salt	Soľ
Sauce	Omáčka
Summer	Leto
Tomatoes	Paradajky
Vegetables	Zelenina

Beauty
Krása

Charm	Čaro
Color	Farba
Cosmetics	Kozmetika
Curls	Kučery
Elegance	Elegancia
Elegant	Elegantný
Fragrance	Vôňa
Grace	Milosť
Lipstick	Rúž
Makeup	Make-Up
Mascara	Maskara
Mirror	Zrkadlo
Oils	Oleje
Photogenic	Fotogenický
Products	Produkty
Scissors	Nožnice
Services	Služby
Shampoo	Šampón
Skin	Koža
Stylist	Stylista

Bees
Včely

Beneficial	Prospešný
Blossom	Kvet
Diversity	Rôznorodosť
Ecosystem	Ekosystém
Flowers	Kvety
Food	Jedlo
Fruit	Ovocie
Garden	Záhrada
Habitat	Habitat
Hive	Úľ
Honey	Med
Insect	Hmyz
Plants	Rastliny
Pollen	Peľ
Pollinator	Opeľovačov
Queen	Kráľovná
Smoke	Dym
Sun	Slnko
Swarm	Roj
Wax	Vosk

Biology
Biológia

Anatomy	Anatómia
Bacteria	Baktérie
Cell	Bunka
Chromosome	Chromozóm
Collagen	Kolagén
Embryo	Embryo
Enzyme	Enzým
Evolution	Vývoj
Hormone	Hormón
Mammal	Cicavec
Mutation	Mutácia
Natural	Prirodzený
Nerve	Nerv
Neuron	Neurón
Osmosis	Osmóza
Photosynthesis	Fotosyntéza
Protein	Proteín
Reptile	Plaz
Symbiosis	Symbióza
Synapse	Synapsia

Birds
Vtákov

Canary	Kanárik
Chicken	Kura
Crow	Vrana
Cuckoo	Kukučka
Dove	Holubica
Duck	Kačica
Eagle	Orol
Egg	Vajec
Flamingo	Plameniak
Goose	Hus
Heron	Volavka
Ostrich	Pštros
Parrot	Papagáj
Peacock	Páv
Pelican	Pelikán
Penguin	Tučniak
Sparrow	Vrabec
Stork	Bocian
Swan	Labuť
Toucan	Tukan

Boats
Lode

Anchor	Kotva
Buoy	Bója
Canoe	Kanoe
Crew	Posádka
Dock	Dok
Engine	Motor
Ferry	Trajekt
Kayak	Kajak
Lake	Jazero
Lifeboat	Lifeboat
Mast	Stožiar
Nautical	Námorných
Ocean	Oceán
Raft	Raft
River	Rieka
Rope	Lano
Sailboat	Plachetnica
Sailor	Námorník
Sea	More
Yacht	Jachta

Books
Knihy

Adventure	Dobrodružstvo
Author	Autor
Collection	Zbierka
Context	Kontext
Duality	Dualita
Epic	Epos
Historical	Historický
Humorous	Humorný
Inventive	Vynaliezavý
Literary	Literárny
Narrator	Rozprávač
Novel	Román
Page	Strana
Poem	Báseň
Poetry	Poézia
Reader	Čitateľ
Relevant	Príslušný
Story	Príbeh
Tragic	Tragický
Written	Písaný

Boxing
Boxovanie

Bell	Bell
Body	Telo
Chin	Brada
Corner	Rút
Elbow	Lakeť
Exhausted	Vyčerpaný
Fighter	Bojovník
Fist	Päsť
Focus	Zamerať
Gloves	Rukavice
Injuries	Zranenia
Kick	Kop
Opponent	Súper
Points	Body
Quick	Rýchly
Recovery	Obnovenie
Referee	Rozhodca
Ropes	Laná
Skill	Zručnosť
Strength	Sila

Buildings
Budovy

Apartment	Byt
Barn	Stodola
Cabin	Kabína
Castle	Hrad
Cinema	Kino
Factory	Továreň
Farm	Farma
Hospital	Nemocnica
Hostel	Hostel
Hotel	Hotel
Laboratory	Laboratórium
Museum	Múzeum
Observatory	Observatórium
School	Škola
Stadium	Štadión
Supermarket	Supermarket
Tent	Stan
Theater	Divadlo
Tower	Veža
University	Univerzita

Business
Podnikanie

Budget	Rozpočet
Career	Kariéra
Company	Spoločnosť
Cost	Náklady
Currency	Mena
Discount	Zľava
Economics	Ekonomika
Employee	Zamestnanec
Employer	Zamestnávateľ
Factory	Továreň
Finance	Financie
Income	Príjem
Investment	Investícia
Manager	Manažér
Merchandise	Tovar
Money	Peniaze
Office	Úrad
Sale	Predaj
Shop	Obchod
Taxes	Dane

Camping
Kempovanie

Adventure	Dobrodružstvo
Animals	Zvieratá
Cabin	Kabína
Canoe	Kanoe
Compass	Kompas
Fire	Oheň
Forest	Les
Fun	Zábava
Hammock	Hojdacia Sieť
Hat	Klobúk
Hunting	Lov
Insect	Hmyz
Lake	Jazero
Map	Mapa
Moon	Mesiac
Mountain	Vrch
Nature	Povaha
Rope	Lano
Tent	Stan
Trees	Stromy

Chemistry
Chémia

Acid	Kyselina
Alkaline	Alkalický
Atomic	Atómová
Carbon	Uhlík
Catalyst	Katalyzátor
Chlorine	Chlór
Electron	Elektrón
Enzyme	Enzým
Gas	Plyn
Heat	Teplo
Hydrogen	Vodík
Ion	Ión
Liquid	Kvapalina
Molecule	Molekula
Nuclear	Jadrový
Organic	Organický
Oxygen	Kyslík
Salt	Soľ
Temperature	Teplota
Weight	Hmotnosť

Chocolate
Čokoláda

Antioxidant	Antioxidant
Aroma	Aróma
Artisanal	Remeselné
Bitter	Horký
Cacao	Kakao
Calories	Kalórie
Candy	Cukroví
Caramel	Karamel
Coconut	Kokosový
Delicious	Lahodný
Exotic	Exotický
Favorite	Obľúbený
Ingredient	Zložka
Peanuts	Arašidy
Quality	Kvalita
Recipe	Recept
Sugar	Cukor
Sweet	Sladký
Taste	Chuť
To Eat	Jesť

Clothes
Oblečenie

Apron	Zástera
Belt	Pás
Blouse	Blúzka
Bracelet	Náramok
Coat	Plášť
Dress	Šaty
Fashion	Móda
Gloves	Rukavice
Hat	Klobúk
Jacket	Bunda
Jeans	Džínsy
Jewelry	Šperky
Pajamas	Pyžamá
Pants	Nohavice
Sandals	Sandále
Scarf	Šál
Shirt	Košeľa
Shoe	Topánka
Skirt	Sukňa
Sweater	Sveter

Countries #1
Krajiny #1

Brazil	Brazília
Canada	Kanada
Egypt	Egypt
Finland	Fínsko
Germany	Nemecko
Iraq	Irak
Israel	Izrael
Italy	Taliansko
Latvia	Lotyšsko
Libya	Líbya
Morocco	Maroko
Nicaragua	Nikaragua
Norway	Nórsko
Panama	Panama
Poland	Poľsko
Romania	Rumunsko
Senegal	Senegal
Spain	Španielsko
Venezuela	Venezuela
Vietnam	Vietnam

Countries #2
Krajiny #2

Albania	Albánsko
Denmark	Dánsko
Ethiopia	Etiópia
Greece	Grécko
Haiti	Haiti
Jamaica	Jamajka
Japan	Japonsko
Laos	Laos
Lebanon	Libanon
Liberia	Libéria
Mexico	Mexiko
Nepal	Nepál
Nigeria	Nigéria
Pakistan	Pakistan
Russia	Rusko
Somalia	Somálsko
Sudan	Sudán
Syria	Sýria
Uganda	Uganda
Ukraine	Ukrajina

Creativity
Kreativita

Artistic	Umelecký
Authenticity	Pravosť
Clarity	Jasnosť
Dramatic	Dramatický
Emotions	Emócie
Expression	Výraz
Fluidity	Plynulosť
Ideas	Nápady
Image	Obrázok
Imagination	Predstavivosť
Impression	Dojem
Inspiration	Inšpirácia
Intensity	Intenzita
Intuition	Intuícia
Inventive	Vynaliezavý
Sensation	Pocit
Skill	Zručnosť
Spontaneous	Spontánny
Visions	Vízie
Vitality	Vitalita

Days and Months
Dni a Mesiace

April	Apríl
August	August
Calendar	Kalendár
February	Február
Friday	Piatok
January	Január
July	Júl
March	Marec
Monday	Pondelok
Month	Mesiac
November	November
October	Október
Saturday	Sobota
September	September
Sunday	Nedeľa
Thursday	Štvrtok
Tuesday	Utorok
Wednesday	Streda
Week	Týždeň
Year	Rok

Diplomacy
Diplomacie

Adviser	Poradca
Ambassador	Veľvyslanec
Citizens	Občania
Civic	Občiansky
Community	Komunita
Conflict	Konflikt
Cooperation	Spolupráca
Diplomatic	Diplomatický
Discussion	Diskusia
Ethics	Etika
Foreign	Zahraničný
Government	Vláda
Humanitarian	Humanitárny
Integrity	Integrita
Justice	Spravodlivosť
Politics	Politika
Resolution	Rozhodnutie
Security	Bezpečnosť
Solution	Riešenie
Treaty	Zmluva

Disease
Choroba

Abdominal	Brušný
Allergies	Alergie
Bacterial	Bakteriálny
Body	Telo
Bones	Kosti
Chronic	Chronický
Contagious	Nákazlivý
Genetic	Genetický
Health	Zdravie
Heart	Srdce
Hereditary	Dedičný
Immunity	Imunita
Inflammation	Zápal
Lumbar	Bedrovej
Neuropathy	Neuropatia
Pathogens	Patogén
Respiratory	Dýchací
Syndrome	Syndróm
Therapy	Terapia
Weak	Slabý

Driving
Šoférovanie

Accident	Nehoda
Brakes	Brzdy
Car	Auto
Driver	Vodič
Fuel	Palivo
Garage	Garáž
Gas	Plyn
License	Licencia
Map	Mapa
Motor	Motor
Motorcycle	Motocykel
Pedestrian	Pešej
Police	Polícia
Road	Cesta
Safety	Bezpečnosť
Speed	Rýchlosť
Street	Ulica
Traffic	Doprava
Truck	Nákladné Auto
Tunnel	Tunel

Ecology
Ekológia

Climate	Klíma
Communities	Komunity
Diversity	Rôznorodosť
Drought	Sucho
Fauna	Fauna
Flora	Flóra
Global	Globálny
Habitat	Habitat
Marine	Morský
Marsh	Močiar
Mountains	Hory
Natural	Prirodzený
Nature	Povaha
Plants	Rastliny
Resources	Zdroje
Species	Druh
Survival	Prežitie
Sustainable	Udržateľný
Vegetation	Vegetácia
Volunteers	Dobrovoľníci

Electricity
Elektrina

Battery	Batéria
Bulb	Žiarovka
Cable	Kábel
Electric	Elektrický
Electrician	Elektrikár
Equipment	Zariadenie
Generator	Generátor
Lamp	Lampa
Laser	Laser
Magnet	Magnet
Negative	Negatívny
Network	Sieť
Objects	Predmet
Positive	Pozitívny
Quantity	Množstvo
Socket	Zásuvka
Storage	Skladovanie
Telephone	Telefón
Television	Televízia
Wires	Drôty

Emotions
Emócie

Anger	Hnev
Bliss	Blaženosť
Boredom	Nuda
Calm	Pokojný
Content	Obsah
Excited	Nadšený
Fear	Strach
Grateful	Vďačný
Joy	Radosť
Kindness	Láskavosť
Love	Láska
Peace	Mier
Relaxed	Uvoľnený
Relief	Reliéf
Sadness	Smútok
Satisfied	Spokojný
Surprise	Prekvapenie
Sympathy	Sympatie
Tenderness	Neha
Tranquility	Pokoj

Energy
Energia

Battery	Batéria
Carbon	Uhlík
Diesel	Nafta
Electric	Elektrický
Electron	Elektrón
Entropy	Entropia
Environment	Prostredie
Fuel	Palivo
Gasoline	Benzín
Heat	Teplo
Hydrogen	Vodík
Industry	Priemysel
Motor	Motor
Nuclear	Jadrový
Photon	Fotón
Pollution	Znečistenie
Renewable	Obnoviteľný
Steam	Para
Turbine	Turbína
Wind	Vietor

Engineering
Strojárstvo

Angle	Uhol
Axis	Os
Calculation	Kalkulácia
Construction	Konštrukcia
Depth	Hĺbka
Diagram	Diagram
Diameter	Priemer
Diesel	Nafta
Dimensions	Rozmery
Distribution	Distribúcia
Energy	Energia
Levers	Páky
Liquid	Kvapalina
Machine	Stroj
Measurement	Meranie
Motor	Motor
Propulsion	Pohon
Stability	Stabilita
Strength	Sila
Structure	Štruktúra

Ethics
Etický

Altruism	Altruizmus
Benevolent	Benevolentný
Compassion	Súcit
Cooperation	Spolupráca
Dignity	Dôstojnosť
Diplomatic	Diplomatický
Honesty	Poctivosť
Humanity	Ľudstvo
Integrity	Integrita
Kindness	Láskavosť
Optimism	Optimizmus
Patience	Trpezlivosť
Philosophy	Filozofia
Rationality	Racionalita
Realism	Realizmus
Reasonable	Rozumný
Respectful	Úctivý
Tolerance	Tolerancia
Values	Hodnoty
Wisdom	Múdrosť

Family
Rodinná

Ancestor	Predok
Aunt	Teta
Brother	Brat
Child	Dieťa
Childhood	Detstvo
Children	Deti
Cousin	Bratranec
Daughter	Dcéra
Grandchild	Vnúča
Grandfather	Dedko
Grandson	Vnuk
Husband	Manžel
Maternal	Matiek
Mother	Matka
Nephew	Synovec
Niece	Neter
Paternal	Otcovské
Sister	Sestra
Uncle	Strýko
Wife	Manželka

Farm #1
Farma #1

Bee	Včela
Bison	Bizón
Calf	Teľa
Cat	Mačka
Chicken	Kura
Cow	Krava
Crow	Vrana
Dog	Pes
Donkey	Somár
Fence	Plot
Fertilizer	Hnojivo
Field	Pole
Flock	Kŕdeľ
Goat	Koza
Hay	Seno
Honey	Med
Horse	Kôň
Rice	Ryža
Seeds	Semená
Water	Voda

Farm #2
Farma # 2

Animals	Zvieratá
Barley	Jačmeň
Barn	Stodola
Corn	Kukurica
Duck	Kačica
Farmer	Farmár
Food	Jedlo
Fruit	Ovocie
Irrigation	Zavlažovanie
Lamb	Jahňa
Llama	Lama
Meadow	Lúka
Milk	Mlieko
Orchard	Sad
Sheep	Ovce
Shepherd	Pastier
Tractor	Traktor
Vegetable	Zelenina
Wheat	Pšenica
Windmill	Veterný Mlyn

Flowers
Kvety

Bouquet	Kytica
Calendula	Nechtík
Clover	Ďatelina
Daffodil	Narcis
Daisy	Sedmokráska
Dandelion	Púpava
Gardenia	Gardénia
Hibiscus	Ibištek
Jasmine	Jazmín
Lavender	Levanduľa
Lilac	Orgován
Lily	Ľalia
Magnolia	Magnólia
Orchid	Orchidea
Peony	Pivonka
Petal	Lístok
Plumeria	Plumeria
Poppy	Mak
Sunflower	Slnečnica
Tulip	Tulipán

Food #1
Jedlo #1

Apricot	Marhule
Barley	Jačmeň
Basil	Bazalka
Carrot	Mrkva
Cinnamon	Škorica
Garlic	Cesnak
Juice	Šťava
Lemon	Citrón
Milk	Mlieko
Onion	Cibuľa
Peanut	Arašid
Pear	Hruška
Salad	Šalát
Salt	Soľ
Soup	Polievka
Spinach	Špenát
Strawberry	Jahoda
Sugar	Cukor
Tuna	Tuniak
Turnip	Kvaka

Food #2
Jedlo #2

Apple	Jablko
Artichoke	Artičok
Banana	Banán
Broccoli	Brokolica
Celery	Zeler
Cheese	Syr
Cherry	Čerešňa
Chicken	Kura
Chocolate	Čokoláda
Egg	Vajec
Eggplant	Baklažán
Fish	Ryby
Grape	Hrozno
Ham	Šunka
Kiwi	Kivi
Mushroom	Huba
Rice	Ryža
Tomato	Paradajka
Wheat	Pšenica
Yogurt	Jogurt

Force and Gravity
Sila a Gravitácia

Axis	Os
Center	Centrum
Discovery	Objav
Distance	Vzdialenosť
Dynamic	Dynamický
Expansion	Expanzia
Friction	Trenie
Impact	Vplyv
Magnetism	Magnetizmus
Mechanics	Mechanika
Momentum	Hybnosť
Motion	Pohyb
Orbit	Orbita
Physics	Fyzika
Pressure	Tlak
Properties	Vlastnosti
Speed	Rýchlosť
Time	Čas
Universal	Univerzálny
Weight	Hmotnosť

Fruit
Ovocie

Apple	Jablko
Apricot	Marhule
Avocado	Avokádo
Banana	Banán
Berry	Bobule
Cherry	Čerešňa
Coconut	Kokosový
Fig	Figa
Grape	Hrozno
Guava	Guava
Kiwi	Kivi
Lemon	Citrón
Mango	Mango
Melon	Melón
Orange	Oranžový
Papaya	Papája
Peach	Broskyňa
Pear	Hruška
Pineapple	Ananás
Raspberry	Malina

Garden
Záhradný

Bench	Lavička
Bush	Ker
Fence	Plot
Flower	Kvet
Garage	Garáž
Garden	Záhrada
Grass	Tráva
Hammock	Hojdacia Sieť
Hose	Hadica
Lawn	Trávnik
Orchard	Sad
Pond	Rybník
Porch	Veranda
Rake	Hrable
Shovel	Lopata
Terrace	Terasa
Trampoline	Trampolína
Tree	Strom
Vine	Vinič
Weeds	Buriny

Gardening
Záhradníctvo

Blossom	Kvet
Botanical	Botanický
Bouquet	Kytica
Climate	Klíma
Compost	Kompost
Container	Kontajner
Dirt	Špina
Edible	Jedlé
Exotic	Exotický
Floral	Kvetinový
Foliage	Lístie
Hose	Hadica
Leaf	List
Moisture	Vlhkosť
Orchard	Sad
Seasonal	Sezónny
Seeds	Semená
Soil	Pôda
Species	Druh
Water	Voda

Geography
Geografia

Atlas	Atlas
City	Mesto
Continent	Kontinent
Country	Krajina
Elevation	Výška
Equator	Rovník
Hemisphere	Hemisféra
Island	Ostrov
Map	Mapa
Meridian	Poludník
Mountain	Vrch
North	Sever
Ocean	Oceán
Region	Región
River	Rieka
Sea	More
South	Juh
Territory	Územie
West	Západ
World	Svet

Geology
Geológia

Acid	Kyselina
Calcium	Vápnik
Cavern	Jaskyňa
Continent	Kontinent
Coral	Koralov
Crystals	Kryštály
Cycles	Cykly
Earthquake	Zemetrasenie
Erosion	Erózia
Fossil	Fosílne
Geyser	Gejzír
Lava	Láva
Layer	Vrstva
Minerals	Minerály
Plateau	Plošina
Quartz	Kremeň
Salt	Soľ
Stalactite	Stalaktit
Stone	Kameň
Volcano	Sopka

Geometry
Geometria

Angle	Uhol
Calculation	Kalkulácia
Circle	Kruh
Curve	Krivka
Diameter	Priemer
Dimension	Rozmer
Equation	Rovnice
Height	Výška
Horizontal	Horizontálny
Logic	Logika
Mass	Hmotnosť
Median	Medián
Number	Číslo
Parallel	Paralelný
Proportion	Podiel
Segment	Segment
Surface	Povrch
Symmetry	Symetria
Theory	Teória
Triangle	Trojuholník

Global Warming
Globálne Oteplovanie

Arctic	Arktický
Attention	Pozornosť
Climate	Klíma
Crisis	Kríza
Data	Údaje
Development	Vývoj
Energy	Energia
Environmental	Ekologický
Future	Budúcnosť
Gas	Plyn
Generations	Generácie
Government	Vláda
Habitats	Biotop
Industry	Priemysel
International	Medzinárodný
Legislation	Legislatíva
Now	Teraz
Populations	Populácie
Scientist	Vedec
Temperatures	Teploty

Government
Vláda

Citizenship	Občianstvo
Civil	Občiansky
Constitution	Ústava
Democracy	Demokracia
Discussion	Diskusia
Dissent	Nesúhlas
Equality	Rovnosť
Independence	Nezávislosť
Judicial	Súdny
Justice	Spravodlivosť
Law	Zákon
Leader	Vodca
Liberty	Sloboda
Monument	Pamätník
Nation	Národ
Peaceful	Pokojný
Politics	Politika
Speech	Reč
State	Štát
Symbol	Symbol

Hair Types
Typy Vlasov

Bald	Plešatý
Black	Čierny
Blond	Blond
Braided	Pletené
Braids	Vrkôčiky
Brown	Hnedý
Colored	Farebné
Curls	Kučery
Curly	Kučeravý
Dry	Suchý
Gray	Šedá
Healthy	Zdravý
Long	Dlhý
Shiny	Lesklý
Short	Krátky
Soft	Mäkký
Thick	Hrubý
Thin	Tenký
Wavy	Vlnitý
White	Biely

Health and Wellness #1
Zdravie a Wellness #1

Active	Aktívny
Bacteria	Baktérie
Bones	Kosti
Clinic	Klinika
Doctor	Lekár
Fracture	Zlomenina
Habit	Zvyk
Height	Výška
Hormones	Hormóny
Hunger	Hlad
Muscles	Svaly
Nerves	Nervy
Pharmacy	Lekáreň
Reflex	Reflex
Relaxation	Relaxácia
Skin	Koža
Therapy	Terapia
To Breathe	Dýchať
Treatment	Liečba
Virus	Vírus

Health and Wellness #2
Zdravie a Wellness #2

Allergy	Alergia
Anatomy	Anatómia
Appetite	Chuť
Blood	Krv
Calorie	Kalórie
Dehydration	Dehydratácia
Diet	Diéta
Disease	Choroba
Energy	Energia
Genetics	Genetika
Healthy	Zdravý
Hospital	Nemocnica
Hygiene	Hygiena
Infection	Infekcia
Massage	Masáž
Nutrition	Výživa
Recovery	Obnovenie
Stress	Stres
Vitamin	Vitamín
Weight	Hmotnosť

Herbalism
Bylinkárstvo

Aromatic	Aromatický
Basil	Bazalka
Beneficial	Prospešný
Culinary	Kuchársky
Fennel	Fenikel
Flavor	Chuť
Flower	Kvet
Garden	Záhrada
Garlic	Cesnak
Green	Zelená
Ingredient	Zložka
Lavender	Levanduľa
Marjoram	Majorán
Mint	Mäta
Oregano	Oregano
Parsley	Petržlen
Plant	Rastlina
Rosemary	Rozmarín
Saffron	Šafran
Tarragon	Estragón

Hiking
Pešia Turistika

Animals	Zvieratá
Boots	Čižmy
Camping	Kemp
Cliff	Útes
Climate	Klíma
Heavy	Ťažký
Map	Mapa
Mosquitoes	Komáre
Mountain	Vrch
Nature	Povaha
Orientation	Orientácia
Parks	Parky
Preparation	Príprava
Stones	Kamene
Summit	Summit
Sun	Slnko
Tired	Unavený
Water	Voda
Weather	Počasie
Wild	Divoký

House
Dom

Attic	Podkrovie
Broom	Metla
Curtains	Záclony
Door	Dvere
Fence	Plot
Fireplace	Krb
Floor	Podlaha
Furniture	Nábytok
Garage	Garáž
Garden	Záhrada
Keys	Kľúče
Kitchen	Kuchyňa
Lamp	Lampa
Library	Knižnica
Mirror	Zrkadlo
Roof	Strecha
Room	Izba
Shower	Sprcha
Wall	Stena
Window	Okno

Human Body
Ľudské Telo

Ankle	Členok
Blood	Krv
Bones	Kosti
Brain	Mozog
Chin	Brada
Ear	Ucho
Elbow	Lakeť
Face	Tvár
Finger	Prst
Hand	Ruka
Head	Hlava
Heart	Srdce
Jaw	Čeľusť
Knee	Koleno
Leg	Noha
Mouth	Ústa
Neck	Krk
Nose	Nos
Shoulder	Rameno
Skin	Koža

Insects
Hmyz

Ant	Mravec
Aphid	Voška
Bee	Včela
Beetle	Chrobák
Butterfly	Motýľ
Cicada	Cikáda
Cockroach	Šváb
Dragonfly	Vážka
Flea	Blcha
Grasshopper	Kobylka
Hornet	Sršeň
Ladybug	Lienka
Larva	Larva
Locust	Svätojánsky
Mantis	Mantis
Mosquito	Komár
Moth	Mor
Termite	Termit
Wasp	Osa
Worm	Červ

Jazz
Jazz

Album	Album
Applause	Potlesk
Artist	Umelec
Composer	Skladateľ
Composition	Zloženie
Concert	Koncert
Drums	Bicie
Emphasis	Dôraz
Famous	Slávny
Favorites	Obľúbené
Improvisation	Improvizácia
Music	Hudba
New	Nový
Old	Starý
Orchestra	Orchester
Rhythm	Rytmus
Song	Pieseň
Style	Štýl
Talent	Talent
Technique	Technika

Kitchen
Kuchyňa

Apron	Zástera
Bowl	Miska
Chopsticks	Paličky
Cups	Pohár
Food	Jedlo
Forks	Vidličky
Freezer	Mraznička
Grill	Gril
Jar	Jar
Jug	Džbán
Kettle	Kanvica
Knives	Nože
Napkin	Obrúsok
Oven	Rúra
Recipe	Recept
Refrigerator	Chladnička
Spices	Korenie
Sponge	Hubka
Spoons	Lyžice
To Eat	Jesť

Landscapes
Krajinky

Beach	Pláž
Cave	Jaskyňa
Cliff	Útes
Desert	Púšť
Geyser	Gejzír
Hill	Kopec
Iceberg	Ľadovec
Island	Ostrov
Lake	Jazero
Mountain	Vrch
Oasis	Oáza
Ocean	Oceán
Peninsula	Polostrov
River	Rieka
Sea	More
Swamp	Močiar
Tundra	Tundra
Valley	Údolie
Volcano	Sopka
Waterfall	Vodopád

Literature
Literatúra

Analogy	Analógia
Analysis	Analýza
Anecdote	Anekdota
Author	Autor
Biography	Životopis
Comparison	Porovnanie
Conclusion	Záver
Description	Popis
Dialogue	Dialóg
Fiction	Beletria
Metaphor	Metafora
Narrator	Rozprávač
Novel	Román
Poem	Báseň
Poetic	Poetický
Rhyme	Rým
Rhythm	Rytmus
Style	Štýl
Theme	Téma
Tragedy	Tragédia

Mammals
Cicavcov

Bear	Medveď
Beaver	Bobor
Bull	Býk
Cat	Mačka
Coyote	Kojot
Dog	Pes
Dolphin	Delfín
Elephant	Slon
Fox	Líška
Giraffe	Žirafa
Gorilla	Gorila
Horse	Kôň
Kangaroo	Klokan
Lion	Lev
Monkey	Opica
Rabbit	Králik
Sheep	Ovce
Whale	Veľryba
Wolf	Vlk
Zebra	Zebra

Math
Matematika

Angles	Uhly
Arithmetic	Aritmetika
Circumference	Obvod
Decimal	Desatinné
Diameter	Priemer
Division	Divízia
Equation	Rovnice
Exponent	Exponent
Fraction	Zlomok
Geometry	Geometria
Numbers	Čísla
Parallel	Paralelný
Parallelogram	Rovnobežník
Polygon	Mnohouholník
Radius	Polomer
Rectangle	Obdĺžnik
Square	Námestie
Sum	Súčet
Symmetry	Symetria
Triangle	Trojuholník

Meditation
Meditácia

Acceptance	Prijatie
Attention	Pozornosť
Awake	Prebudiť
Breathing	Dýchanie
Calm	Pokojný
Clarity	Jasnosť
Compassion	Súcit
Emotions	Emócie
Gratitude	Vďačnosť
Habits	Návyky
Kindness	Láskavosť
Mental	Mentálny
Mind	Myseľ
Movement	Pohyb
Music	Hudba
Nature	Povaha
Peace	Mier
Perspective	Perspektíva
Silence	Ticho
Thoughts	Myšlienky

Music
Hudba

Album	Album
Ballad	Balada
Chorus	Refrén
Classical	Klasický
Eclectic	Eklektický
Harmonic	Harmonický
Harmony	Súlad
Instrument	Nástroj
Lyrical	Lyrický
Melody	Melódia
Microphone	Mikrofón
Musical	Muzikál
Musician	Hudobník
Opera	Opera
Poetic	Poetický
Recording	Nahrávanie
Rhythm	Rytmus
Rhythmic	Rytmický
Sing	Spievať
Singer	Spevák

Musical Instruments
Hudobné Nástroje

Banjo	Banjo
Bassoon	Fagot
Cello	Violončelo
Chimes	Zvonkohra
Clarinet	Klarinet
Drum	Bubon
Flute	Flauta
Gong	Gong
Guitar	Gitara
Harp	Harfa
Mandolin	Mandolína
Marimba	Marimba
Oboe	Hoboj
Percussion	Perkusie
Piano	Klavír
Saxophone	Saxofón
Tambourine	Tamburína
Trombone	Trombón
Trumpet	Trúbka
Violin	Husle

Mythology
Mytológia

Archetype	Archetyp
Behavior	Správanie
Beliefs	Presvedčenie
Creation	Tvorba
Creature	Tvor
Culture	Kultúra
Deities	Božstvá
Disaster	Katastrofa
Heaven	Nebo
Hero	Hrdina
Immortality	Nesmrteľnosť
Jealousy	Žiarlivosť
Labyrinth	Labyrint
Legend	Legenda
Lightning	Blesk
Monster	Príšera
Mortal	Smrteľný
Revenge	Pomsta
Thunder	Hrom
Warrior	Bojovník

Nature
Príroda

Animals	Zvieratá
Arctic	Arktický
Beauty	Krása
Bees	Včely
Cliffs	Útesy
Clouds	Oblaky
Desert	Púšť
Dynamic	Dynamický
Erosion	Erózia
Fog	Hmla
Foliage	Lístie
Forest	Les
Glacier	Ľadovec
Mountains	Hory
River	Rieka
Sanctuary	Svätyňa
Serene	Pokojný
Tropical	Tropický
Vital	Vitálny
Wild	Divoký

Numbers
Čísla

Decimal	Desatinné
Eight	Osem
Eighteen	Osemnásť
Fifteen	Pätnásť
Five	Päť
Four	Štyri
Fourteen	Štrnásť
Nine	Deväť
Nineteen	Devätnásť
One	Jeden
Seven	Sedem
Seventeen	Sedemnásť
Six	Šesť
Sixteen	Šestnásť
Ten	Desať
Thirteen	Trinásť
Three	Tri
Twelve	Dvanásť
Twenty	Dvadsať
Two	Dva

Nutrition
Výživa

Appetite	Chuť
Balanced	Vyvážený
Bitter	Horký
Calories	Kalórie
Carbohydrates	Sacharidy
Diet	Diéta
Digestion	Trávenie
Edible	Jedlé
Fermentation	Kvasenie
Habits	Návyky
Health	Zdravie
Healthy	Zdravý
Liquids	Tekutiny
Nutrient	Živín
Proteins	Bielkoviny
Quality	Kvalita
Sauce	Omáčka
Toxin	Toxín
Vitamin	Vitamín
Weight	Hmotnosť

Ocean
Oceán

Algae	Riasy
Coral	Koralov
Crab	Krab
Dolphin	Delfín
Eel	Úhor
Fish	Ryby
Jellyfish	Medúza
Octopus	Chobotnica
Oyster	Ustrice
Reef	Útes
Salt	Soľ
Seaweed	Morské Riasy
Shark	Žralok
Shrimp	Krevety
Sponge	Hubka
Storm	Búrka
Tides	Príliv
Tuna	Tuniak
Turtle	Korytnačka
Whale	Veľryba

Philanthropy
Filantropia

Challenges	Výzvy
Charity	Charita
Children	Deti
Community	Komunita
Contacts	Kontakty
Donate	Darovať
Finance	Financie
Funds	Fondy
Generosity	Štedrosť
Goals	Ciele
Groups	Skupiny
History	História
Honesty	Poctivosť
Humanity	Ľudstvo
Mission	Misia
Need	Potrebovať
People	Ľudia
Programs	Programy
Public	Verejnosť
Youth	Mládež

Physics
Fyzika

Acceleration	Zrýchlenie
Atom	Atóm
Chaos	Chaos
Chemical	Chemický
Density	Hustota
Electron	Elektrón
Engine	Motor
Expansion	Expanzia
Formula	Vzorec
Frequency	Frekvencia
Gas	Plyn
Magnetism	Magnetizmus
Mass	Hmotnosť
Mechanics	Mechanika
Molecule	Molekula
Nuclear	Jadrový
Particle	Častica
Relativity	Relativita
Universal	Univerzálny
Velocity	Rýchlosť

Plants
Rastliny

Bamboo	Bambus
Bean	Fazuľa
Berry	Bobule
Botany	Botanika
Bush	Ker
Cactus	Kaktus
Fertilizer	Hnojivo
Flora	Flóra
Flower	Kvet
Foliage	Lístie
Forest	Les
Garden	Záhrada
Grass	Tráva
Ivy	Brečtan
Moss	Mach
Petal	Lístok
Root	Koreň
Stem	Stonka
Tree	Strom
Vegetation	Vegetácia

Professions #1
Profesie #1

Ambassador	Veľvyslanec
Astronomer	Astronóm
Attorney	Advokát
Banker	Bankár
Cartographer	Kartograf
Coach	Tréner
Dancer	Tanečník
Doctor	Lekár
Editor	Editor
Geologist	Geológ
Hunter	Lovec
Jeweler	Klenotník
Musician	Hudobník
Nurse	Sestra
Pianist	Klavirista
Plumber	Inštalatér
Psychologist	Psychológ
Sailor	Námorník
Tailor	Krajčír
Veterinarian	Veterinár

Professions #2
Profesie #2

Astronaut	Astronaut
Biologist	Biológ
Dentist	Zubár
Detective	Detektív
Engineer	Inžinier
Farmer	Farmár
Gardener	Záhradník
Illustrator	Ilustrátor
Inventor	Vynálezca
Journalist	Novinár
Librarian	Knihovník
Linguist	Lingvista
Painter	Maliar
Philosopher	Filozof
Photographer	Fotograf
Physician	Lekár
Pilot	Pilot
Surgeon	Chirurg
Teacher	Učiteľ
Zoologist	Zoológ

Psychology
Psychológia

Appointment	Vymenovanie
Assessment	Hodnotenie
Behavior	Správanie
Childhood	Detstvo
Clinical	Klinický
Cognition	Poznanie
Conflict	Konflikt
Dreams	Sny
Ego	Ego
Emotions	Emócie
Ideas	Nápady
Perception	Vnímanie
Personality	Osobnosť
Problem	Problém
Reality	Realita
Sensation	Pocit
Subconscious	Podvedomie
Therapy	Terapia
Thoughts	Myšlienky
Unconscious	Nevedomý

Rainforest
Dažďový Prales

Amphibians	Obojživelníky
Birds	Vtáky
Botanical	Botanický
Climate	Klíma
Clouds	Oblaky
Community	Komunita
Diversity	Rôznorodosť
Indigenous	Domorodý
Insects	Hmyz
Jungle	Džungle
Mammals	Cicavce
Moss	Mach
Nature	Povaha
Preservation	Zachovanie
Refuge	Útočisko
Respect	Rešpektovať
Restoration	Obnova
Species	Druh
Survival	Prežitie
Valuable	Cenný

Restaurant #1
Reštaurácia #1

Allergy	Alergia
Bowl	Miska
Bread	Chlieb
Cashier	Pokladník
Chicken	Kura
Coffee	Káva
Dessert	Dezert
Food	Jedlo
Ingredients	Ingrediencie
Kitchen	Kuchyňa
Knife	Nôž
Meat	Mäso
Menu	Menu
Napkin	Obrúsok
Plate	Tanier
Reservation	Rezervácia
Sauce	Omáčka
Spicy	Pikantné
To Eat	Jesť
Waitress	Čašníčka

Restaurant #2
Reštaurácia č. 2

Beverage	Nápoj
Cake	Torta
Chair	Stolička
Delicious	Lahodný
Dinner	Večera
Eggs	Vajcia
Fish	Ryby
Fork	Vidlica
Fruit	Ovocie
Ice	Ľad
Lunch	Obed
Noodles	Rezance
Salad	Šalát
Salt	Soľ
Soup	Polievka
Spices	Korenie
Spoon	Lyžica
Vegetables	Zelenina
Waiter	Čašník
Water	Voda

Science
Veda

Atom	Atóm
Chemical	Chemický
Climate	Klíma
Data	Údaje
Evolution	Vývoj
Experiment	Experiment
Fact	Fakt
Fossil	Fosílne
Gravity	Gravitácia
Hypothesis	Hypotéza
Laboratory	Laboratórium
Method	Metóda
Minerals	Minerály
Molecules	Molekuly
Nature	Povaha
Organism	Organizmus
Particles	Častice
Physics	Fyzika
Plants	Rastliny
Scientist	Vedec

Science Fiction
Science Fiction

Atomic	Atómová
Books	Knihy
Chemicals	Chemikálie
Cinema	Kino
Dystopia	Dystopia
Explosion	Výbuch
Extreme	Extrémny
Fantastic	Fantastický
Fire	Oheň
Futuristic	Futuristický
Galaxy	Galaxia
Illusion	Ilúzia
Imaginary	Imaginárny
Mysterious	Tajomný
Oracle	Oracle
Planet	Planéta
Robots	Roboty
Technology	Technológia
Utopia	Utópia
World	Svet

Scientific Disciplines
Vedecké Disciplíny

Anatomy	Anatómia
Archaeology	Archeológia
Astronomy	Astronómia
Biochemistry	Biochémia
Biology	Biológia
Botany	Botanika
Chemistry	Chémia
Ecology	Ekológia
Geology	Geológia
Immunology	Imunológia
Kinesiology	Kineziológia
Linguistics	Lingvistika
Mechanics	Mechanika
Mineralogy	Mineralógia
Neurology	Neurológia
Physiology	Fyziológia
Psychology	Psychológia
Sociology	Sociológia
Thermodynamics	Termodynamika
Zoology	Zoológia

Shapes
Tvary

Arc	Oblúk
Circle	Kruh
Cone	Kužeľ
Corner	Rút
Cube	Kocka
Curve	Krivka
Cylinder	Valec
Edges	Okraje
Ellipse	Elipsa
Hyperbola	Hyperbola
Line	Linka
Oval	Ovál
Polygon	Mnohouholník
Prism	Hranol
Pyramid	Pyramída
Rectangle	Obdĺžnik
Side	Strana
Sphere	Sféra
Square	Námestie
Triangle	Trojuholník

Sport
Šport

Ability	Schopnosť
Athlete	Športovec
Body	Telo
Bones	Kosti
Coach	Tréner
Cycling	Cyklistika
Dancing	Tanec
Diet	Diéta
Endurance	Vytrvalosť
Goal	Cieľ
Health	Zdravie
Jogging	Jogging
Maximize	Maximalizovať
Metabolic	Metabolický
Muscles	Svaly
Nutrition	Výživa
Program	Program
Sports	Športové
Strength	Sila
To Breathe	Dýchať

The Company
Spoločnosť

Business	Podnikanie
Creative	Kreatívny
Decision	Rozhodnutie
Employment	Zamestnanie
Global	Globálny
Industry	Priemysel
Innovative	Inovatívny
Investment	Investícia
Possibility	Možnosť
Presentation	Prezentácia
Product	Produkt
Professional	Profesionálny
Progress	Pokrok
Quality	Kvalita
Reputation	Povesť
Resources	Zdroje
Revenue	Príjmy
Risks	Riziká
Trends	Trendy
Units	Jednotky

The Media
Médium

Attitudes	Postoje
Commercial	Komerčný
Communication	Komunikácia
Digital	Digitálny
Edition	Vydanie
Education	Vzdelávanie
Facts	Fakty
Funding	Financovanie
Industry	Priemysel
Intellectual	Intelektuálny
Local	Miestny
Magazines	Časopisy
Network	Sieť
Newspapers	Noviny
Online	Online
Opinion	Názor
Photos	Fotografie
Public	Verejnosť
Radio	Rádio
Television	Televízia

Time
Čas

Annual	Ročný
Before	Pred
Calendar	Kalendár
Century	Storočie
Clock	Hodiny
Day	Deň
Decade	Desaťročie
Early	Skorý
Future	Budúcnosť
Hour	Hodina
Minute	Minúta
Month	Mesiac
Morning	Ráno
Night	Noc
Noon	Poludnie
Now	Teraz
Soon	Čoskoro
Today	Dnes
Week	Týždeň
Year	Rok

Town
Mesto

Airport	Letisko
Bakery	Pekáreň
Bank	Banka
Bookstore	Kníhkupectvo
Cinema	Kino
Clinic	Klinika
Florist	Kvetinárstvo
Gallery	Galéria
Hotel	Hotel
Library	Knižnica
Market	Trh
Museum	Múzeum
Pharmacy	Lekáreň
School	Škola
Stadium	Štadión
Store	Obchod
Supermarket	Supermarket
Theater	Divadlo
University	Univerzita
Zoo	Zoo

Universe
Vesmír

Asteroid	Asteroid
Astronomer	Astronóm
Astronomy	Astronómia
Atmosphere	Atmosféra
Celestial	Nebeský
Cosmic	Kozmický
Darkness	Tma
Eon	Eon
Equator	Rovník
Galaxy	Galaxia
Hemisphere	Hemisféra
Horizon	Horizont
Moon	Mesiac
Orbit	Orbita
Sky	Neba
Solar	Solárny
Solstice	Slnovrat
Telescope	Teleskop
Visible	Viditeľný
Zodiac	Zverokruh

Vacation #2
Dovolenka #2

Airport	Letisko
Beach	Pláž
Camping	Kemp
Destination	Cieľ
Foreign	Zahraničný
Foreigner	Cudzinec
Holiday	Dovolenka
Hotel	Hotel
Island	Ostrov
Journey	Cesta
Leisure	Voľný Čas
Map	Mapa
Mountains	Hory
Passport	Pas
Sea	More
Taxi	Taxi
Tent	Stan
Train	Vlak
Transportation	Preprava
Visa	Víza

Vegetables
Zelenina

Artichoke	Artičok
Broccoli	Brokolica
Carrot	Mrkva
Cauliflower	Karfiol
Celery	Zeler
Cucumber	Uhorka
Eggplant	Baklažán
Garlic	Cesnak
Ginger	Zázvor
Mushroom	Huba
Onion	Cibuľa
Parsley	Petržlen
Pea	Hrach
Pumpkin	Tekvica
Radish	Reďkovka
Salad	Šalát
Shallot	Šalotka
Spinach	Špenát
Tomato	Paradajka
Turnip	Kvaka

Vehicles
Vozidlá

Airplane	Lietadlo
Ambulance	Ambulancie
Bicycle	Bicykel
Boat	Loď
Bus	Autobus
Car	Auto
Caravan	Karavána
Ferry	Trajekt
Helicopter	Vrtuľník
Motor	Motor
Raft	Raft
Rocket	Raketa
Scooter	Skúter
Shuttle	Raketoplán
Submarine	Ponorka
Subway	Metro
Taxi	Taxi
Tires	Pneumatiky
Tractor	Traktor
Truck	Nákladné Auto

Congratulations

You made it!

We hope you enjoyed this book as much as we enjoyed making it. We do our best to make high quality games.
These puzzles are designed in a clever way for you to learn actively while having fun!

Did you love them?

A Simple Request

Our books exist thanks your reviews. Could you help us by leaving one now?

Here is a short link which will take you to your order review page:

BestBooksActivity.com/Review50

MONSTER CHALLENGE!

Challenge #1

Ready for Your Bonus Game? We use them all the time but they are not so easy to find. Here are **Synonyms**!

Note 5 words you discovered in each of the Puzzles noted below (#21, #36, #76) and try to find 2 synonyms for each word.

*Note 5 Words from **Puzzle 21***

Words	Synonym 1	Synonym 2

*Note 5 Words from **Puzzle 36***

Words	Synonym 1	Synonym 2

*Note 5 Words from **Puzzle 76***

Words	Synonym 1	Synonym 2

Challenge #2

Now that you are warmed-up, note 5 words you discovered in each Puzzle noted below (#9, #17, #25) and try to find 2 antonyms for each word. How many lines can you do in 20 minutes?

Note 5 Words from **Puzzle 9**

Words	Antonym 1	Antonym 2

Note 5 Words from **Puzzle 17**

Words	Antonym 1	Antonym 2

Note 5 Words from **Puzzle 25**

Words	Antonym 1	Antonym 2

Challenge #3

Wonderful, this monster challenge is nothing to you!

Ready for the last one? Choose your 10 favorite words discovered in any of the Puzzles and note them below.

1.	6.
2.	7.
3.	8.
4.	9.
5.	10.

Now, using these words and within a maximum of six sentences, your challenge is to compose a text about a person, animal or place that you love!

Tip: You can use the last blank page of this book as a draft!

Your Writing:

_____
_____
_____
_____
_____
_____
_____

Explore a Unique Store Set Up **FOR YOU!**

BestActivityBooks.com/**TheStore**

Designed for Entertainment!

Light Up Your Brain With Unique **Gift Ideas**.

Access **Surprising** And **Essential Supplies!**

CHECK OUT OUR MONTHLY SELECTION NOW!

- Expertly Crafted Products -

NOTEBOOK:

SEE YOU SOON!

Linguas Classics Team